불망, 그들의 빗돌이 먼지가 되도록

■ 일러두기

1. 이 책의 원고는 2018년 1월부터 2019년 6월까지 충북인뉴스에 연재된 '3·1 운동 100주년 기념 기획취재 : 충북 지역의 부끄러운 친일잔재 답사기'를 수정·보완한 것이다.
2. 각 글의 제목은 연재 당시 기사의 제목과 반드시 일치하지 않는다.
3. 제호의 '不忘'은 박중양 영세불망비에서 집자하였다.
4. 자료 표기는 단행본은 《 》, 글 제목과 신문명은 〈 〉, 기사 제목은 ' '으로 표시하였다.

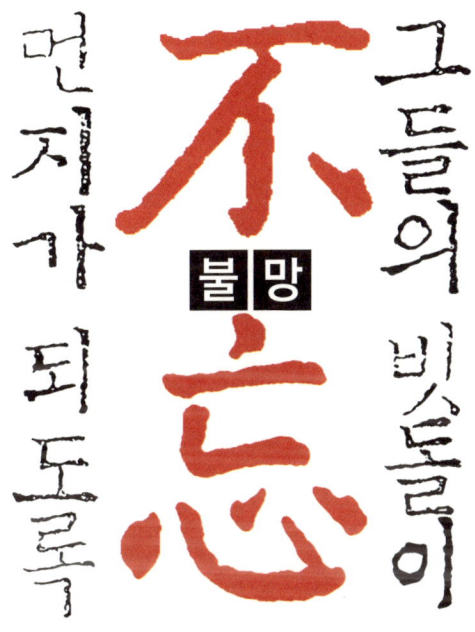

그들의 비석이
먼지가 되도록

不忘 불망

충북 지역 친일 잔재 답사기

김남균 지음

고두미

책머리에

무관심 위에 건재한 친일의 잔재들

    무슨 말로 서두를 세워야 할지 모르겠습니다. 이렇게나 많은 줄 몰랐습니다. 단양에서 영동까지 가는 곳곳마다 널려 있는 충북지역 친일의 잔재들. 동네 공원에서부터 대한민국 행정기관과 학교, 심지어 충혼시설까지 친일의 잔재가 그대로 남아있었으므로 취재를 하면서 어려움이나 불편은 없었습니다.
    정작 기자를 불편하게 한 건 그것들이 추앙받고 있다는 사실이었습니다. 어떤 것들은 향토문화유산으로 대접해서 향토박물관이나 문화관에서 귀하게 보전하고 있었습니다. 혈세를 들여 생가 터를 매입해 보전하고 땅속에 파묻혔던 것을 다시 꺼내 공덕을 기리는 일도 있었습니다. 기생을 매수해 대한제국의 군대를 해산하는데 일조했던 친일 인사의 글을 잃어버렸다고 사과문까지 올린 걸 보고는 할 말을 잃었습니다. 미원면 3·1 만세운동에 참가한 군중에게 총을 쏴 죽게 만든 일제헌병보조원의 공덕비를 면사무소에서 발견했을 때는 소름이 돋았습니다.
    부끄럽고 또 부끄러웠습니다. 3·1 운동 100주년을 기념해 수백 개의 태극기가 공공기관에 나부끼는 순간에도 친일인사들은 그 기관의 초대 면장이었고 전직 군수였으며 도지사였습니다.
    일제강점기 저들은 조선의 민중들을 모욕하기 위해 조선시대의 현감과 군수의 공덕비를 자신들의 관사 주춧돌로 사용해 훼손했는데 우리들은 친일인사의 공덕비를 신주단지처럼 받들었습니다. 이 땅은 친일잔재들이 도처에 살아 있는 거대한 박물관이었습니다.

취재를 시작하게 된 동기는 강원도 정선군 아라리촌에 세워진 친일파 이범익의 단죄문이었습니다. 단죄문을 보면서 제가 살고 있는 우리 지역엔 친일잔재가 얼마나 남아 있을까 궁금해졌습니다. 아뿔싸! 친일행각이 여전히 진행 중이라는 걸 확인하는 데는 많은 수고가 필요하지 않았습니다. 하나를 찾으면 다른 하나가 보이고, 그걸 잡아당기면 고구마줄기처럼 계속 쏟아져 나왔습니다. 아무도 들여다보지 않았을 뿐입니다.

이렇게 찾아낸 친일의 잔재는 어떻게 처리해야 할까요? 청주향교에 남아 있던 친일인사 이해용의 공덕비는 철거한 뒤 부숴 버렸습니다. 친일음악인 반야월의 박달재 노래비 옆에는 그의 친일행적을 알리는 안내판이 설치됐습니다. 보도 이후 음성향교가 이해용 공덕비를 철거했고 옥천군은 정지용 생가에 남아있는 황국신민서사비 안내판을 세웠습니다.

강태재 전 충북참여연대 대표는 이것도 역사이니 그대로 두고 진실을 기록한 안내판이나 단죄문을 세우자고 했습니다. 박경일 음성문화원 사무국장은 조선총독부 음성군수가 세운 '황태자 전하 탄신 기념비'를 기단으로 삼아 소녀상을 세우자고 했습니다.

친일잔재에 대한 처리방법은 다양할 수 있습니다. 없애버리는 것도 방법이고 단죄문을 세우는 것도 방법입니다. 중요한 것은 친일잔재에 대한 인식입니다. 친일잔재인지 모른다면 단죄문을 세울 수도 없고 없애 버릴 수도 없습니다.

   취재를 하면서 감동을 느꼈습니다. 우리 지역 3·1 만세운동을 주도한 인사들의 일본 법원의 판결문과 심문조서를 보면서 가슴이 뜨거워졌습니다.

   친일잔재 중 일부만 보았다고 생각합니다. 처음으로 세상에 알린 것도 있고 이미 알려진 것도 있었습니다. 거친 글을 무릅쓰고 책으로 펴낼 수 있도록 독려한 것은 '시작'이라는 단어였습니다. 다른 눈 밝은 이들에 의해 우리 지역에 남아있는 친일의 잔재에 대한 기록이 더 넓고 깊게 채워지기를 기대합니다.

   끝으로 취재에 도움을 주신 이상엽 사회적협동조합 일하는사람들 사무국장님과 항상 〈충북인뉴스〉를 응원해 주시는 소중한 친구 '에스엔티' 강원순 대표님께 감사의 마음을 올립니다.

2019년 6월

김남균

추천사

올바른 역사의 기억과 기념을 위하여

중국 난징대학살기념관 전시관 안에는 당시 학살당한 중국인들의 개인 자료 파일을 모아 둔 거대한 벽면 진열실이 있다. 이 벽면에 '前事不忘後事之師'라는 대형 글자가 부착되어 있고, 전시 설명문 곳곳에서도 이 문구를 볼 수 있다.

'과거의 일을 잊지 않고 훗날의 교훈으로 삼는다'는 이 고사성어는 戰國策에서 유래된 것이지만, 장쩌민과 시진핑을 비롯한 중국의 정치 지도자들이 과거 일본의 중국 침략과 만행에 대한 소회를 밝힐 때마다 사용한 말이다. 중국식 과거 청산 방식인 셈이다.

우리는 일제 강점의 상징인 조선총독부 건물이 부끄러운 역사의 유산이라고 하며 1995년 광복 50주년 최대 이벤트로 그 건물을 부숴 버렸다. 당시 대통령은 정체가 모호한 역사 바로 세우기와 세계화를 부르짖으며 정작 우리 역사를 홀대하였다. 독립운동사를 축소시키고자 역사교과서의 국정화를 강행한 천박한 인식을 지닌 지난 정권의 말로가 어땠는지 우리는 똑똑히 목격하였다.

역사를 배우는 것은 역사에서 교훈을 찾고자 하기 때문이다. 역사를 기억하는 것은 그 교훈을 새겨 또 다른 과오를 범하지 말자는 다짐이다. 역사를 기념하는 것은 잘된 역사를 기림으로써 올바른 미래를 지향하자는 약속이다.

한국근현대사는 파란의 연속이었다. 일제의 침략으로 식민지로 전락한 시기, 우리 민족은 친일과 항일의 두 갈래 상극의 길로 나뉘어졌다. 그 역사적 상흔과 명암은 오늘날까지 계속되고 있다. 독립운동사를 연구하다 보면 종종 역사적 가치가 전도된 유물과 현장을 만나게 된다. 그 가운데에는 정작 기억해야 할 사실은 망각하고, 폐기해야 할 역사를 기념하는 반동적인 장면이 적지 않다. 이것이 바로 혼미한 우리 현대사의 현실이고, 광복 74년이나 지난 지금까지도 친일 청산이 여전히 시대적 과제로 남아 있음을 상징한다.
　3·1운동과 대한민국임시정부 수립 100주년의 뜻 깊은 해를 보내고 있다. 우리가 과거를 기억하고 그 시대의 역사를 이야기 하는 까닭은 과거로 회귀하자는 것이 아니라 미래를 지향하자는 것이다. 이런 역사적 상황과 시의에 부합하는 의미 있는 기획이 진행되었다. 〈충북인뉴스〉김남균 기자가 우리 지역을 샅샅이 취재하여 친일의 흔적을 연속 보도한 것이 그것이다. 독립운동사를 연구하는 필자에게조차 놀랍고 생소한 사실이 적지 않았다. 우리에게 과거사 청산의 길이 요원한 현주소를 여실히 보여주기에 충분한 기획 기사였다.
　동전의 양면처럼 친일과 항일은 일제강점기에 공존한 우리 조상들 삶의 양상이었다. 아직 밝혀지지 않은 우리 지역 독립운동의 사실을 발굴하는 것이 중요한 만큼, 그 이면의 불행하고 음습한 역사의 잔재를 찾아내 밝히는 것도 중요하고 시급한 일이다. 그것이 역사를 올바로 기억하고 기념하는 방법일 것이다. 김남균 기자가 취재 기사를 책으로 엮으며 '시작'이라는 단어를 사용함에 주목하며, 후속을 기대해 본다. 그리고 책 이름으로 붙인 '不忘'이 역사를 공부하는 첫걸음임을 다시 한 번 새겨두고자 한다.

박걸순 충북대 교수

추천사

비석은 누가 세울까?

　김남균의 《불망, 그들의 빗돌이 먼지가 되도록》을 읽는 내내 마음이 불편하고 복잡했다.
　그 마음 가운데 부끄러움도 있었는데 왜, 언제나 부끄러움은 내 몫이어야 하나 하는 자괴감의 크기가 가장 컸다. 이런 감상은 내적으로는 친일부역자들의 후예들이 정치나 경제계에 건재하고 외적으로는 아베 정권의 비상식적 경제보복을 오늘에 목도하고 있기에 그 크기가 더욱 크게 느껴진다.
　그러기에 '불망'은 단순한 과거가 아닌 현재로 일제강점기를 다시 보게 하는 것이리라.
　자랑스럽게 새겼을 친일의 이름과 이민족에게 쓴 헌사와 일제가 씌워준 관직의 사진들이 어찌도 이렇게 가까이에 있었을까.
　한 울타리 안에 함께 살아 가족화된 더러움에 섬뜩하기도 하였다.
　이십여 년 전, 〈조선혁명선언〉을 써 민중직접혁명을 주장하신 단재 선생의 동상을 세우며 새롭게 알게 되었던 사실이 내게 역사의 준엄을 가르친 것처럼 《불망, 그들의 빗돌이 먼지가 되도록》도 독자들에게 그러할 것을 믿는다.
　한때 독립운동의 동지로 오산학교와 상해임정에서 독립의 정신과 방향을 논설로 다투던 단재 신채호와 춘원 이광수가 사후에 한 분은 독립운동의 지사로 다른 이는 민족의 변절자로 한 장소에서 만나게 된다는 운명적 교훈을 믿게 한다.

동상을 만들었던 혜화동 큰 저택이 변절의 대가로 지은 춘원의 집이었다는 사실이 역사를 가르치고 있는 것이다. 《불망, 그들의 빗돌이 먼지가 되도록》은 그 점을 내내 지적하고 있다는 말이다.

과거청산 특히 일제잔재청산의 의미는 곧장 우리민족의 미래에 이어진다. 부끄러운 과거를 낱낱이 찾아내고 그들에게 가감 없는 바른 평가가 이루어져야 하는 이유다.

광복 70여 년이 지났다. 우리생활의 곳곳에 뿌리내리고 살아남은 일제의 잔재를 더 늦기 전에 청산해야만 한다.

말끔한 청산은 후세에 넘기지 말고 해야 할 우리의 숙제다.

윤석위 단재 신채호 선생 기념사업회 공동대표

제1부 영세불망, 다시 기억 전쟁을 벌이며

18__ "당신을 영원히 잊지 않겠습니다"
　　　간도특설대 창설한 친일 거물 이범익의 영세불망비

25__ 친일 잔재가 문화유산이라구요?
　　　공주 공산성 세계유산지구에 세워진 '색마지사' 박중양의 공덕비

제2부 괴산 지역의 친일 잔재

34__ 동족을 사살한 공적은 여전히 빛나고
　　　3·1 만세운동 참가자에게 발포… 헌병보조원 출신 문광면장의 공덕비

41__ 조선총독부가 극찬한 일본황실주의자
　　　조선황실 후손으로 일제에 아부한 이태호의 공적비

49__ 재활용돼 살아 남은 신사의 잔해물
　　　황국신민화에서 '자립갱생'으로 부활한 괴산 사리면 신사

54__ 조선총독부 면장과 대한민국 면장
　　　위안부 강제 동원하고 공출업무 부역한 일제 면장의 공덕비

제3부 단양 지역의 친일 잔재

60__ 그 놀라운 생명력에 소름이 돋는다
　　　땅속에 묻혀 있다가 다시 세워진 일왕 등극 기념비석

65__ 사인암에 새겨진 친일파의 이름
　　　반민족행위자 이경식, '하늘이 내린 그림'에 '먹칠'

제4부 보은·영동 지역의 친일 잔재

"친일 군수의 현판 잃어" 기막힌 반성 __72
영동 읍청루에 부활한 친일 경찰 최지환의 기문

조선 현감 송덕비를 군수 관사 주춧돌로 __81
보은군, 훼손된 송덕비 방치…친일파 군수 송덕비는 '우뚝'

제5부 옥천 지역의 친일 잔재

정지용 시인 생가터 돌다리의 비밀 __86
"우리는 황국신민이며 충성으로써 군국에 보답" 황국신민서사비

일본 무사상 좌대에 서 있는 이순신 장군 __92
옥천 죽향초에 남아 있는 구스노키 마사시게 동상의 잔재

향토유적 안에서 발견된 천황추모비 __95
춘추민속관은 조선총독부 관선 도평의원 오윤묵의 집터

제6부 음성·진천 지역의 친일 잔재

음성읍 '일장기 연못'의 내력 __102
아키히토 황태자 탄생 기념하는 정자, 이름만 바꾸어 문화재 대우

산슈 가이요, 일제 경찰 이해용의 공덕비 __109
강화경찰서 경부로 3·1 만세 시위자 심문…음성·제천 군수 영전

헐세로 보전되는 이무영의 생가 __115
'일급친일' 문학인 흉상에 문학비까지…죽어서도 일급 호사

122__ 태극기 물결 속에 우뚝한 일제 면장들
　　　　금왕읍·덕산면사무소에 보전된 조선총독부 면장 공덕비

126__ 신도들 돈 걷어 일제에 헌납한 감곡면장
　　　　남상철 공덕비 건재… 일황 연호는 없애도 '공적'은 선명

131__ 만세운동 외면하는 면장에 분노하다
　　　　도민들, 시위 동참 촉구하며 맹동·소수·장연·대소면 습격

제7부 제천 지역의 친일 잔재

140__ 박달재를 울고 넘는 이유는 따로 있다
　　　　반야월, 일제하 〈일억 총진군〉, 〈결전 태평양〉 등 노래로 군국 찬양

제8부 청주 지역의 친일 잔재

148__ 충북문화관에 남은 왜색을 보는 눈
　　　　명치 연호에 다다미방… 건물 미화하고 '일본 도지사관사' 설명도

156__ 상아탑 충북대에 부활한 김학응 송공비
　　　　일제 강점기 보은·옥천군수… 3·15 부정선거 가담으로 징역

160__ 일본의 신사신앙과 천지신단비
　　　　일제 관변단체가 설치… 가경동 발산공원 등 곳곳에 남아

169__ 총독부 악질 면장이 '초대 면장'으로
　　　　오창읍사무소, 정운회·김규빈 사진 걸어놓고 추앙

174__ 대한제국 주사에서 총독부 고등관으로
　　　　청주시 북이면사무소, 문의군수 지낸 오영전 기념비 보전

삼일운동을 맹비난한 민영은의 묘 __180
'친일재산 국가 귀속' 판결 후 2017년에야 이장

청주 앵마장(櫻馬場)을 아시나요? __189
일제시대 조성된 청주벚꽃, 진해보다 유명…도청엔 벚꽃 문양도

수탈의 잔재, 청주군시제사 공장 __194
뽕나무 강제 배포·재배… 여공들, 12시간씩 노동하며 생사 생산

제9부 충주 지역의 친일 잔재

친일파를 품은 충주읍성의 자기모순 __204
의병 탄압하고 읍성 허문 서회보 전 군수 공적비 관아터에 보존

제10부 반민특위의 좌절과 충북의 친일 잔재

충북 반민특위 조사 1호 대상 박두영 __210
십중팔구 사형수라던 친일파는 어떻게 살아났을까

산산이 부서진 특위, 그리고 친일의 부활 __216
충북 친일파 중 실형 선고 1명뿐… '통곡의 역사' 누가 만들었나

충북 특위가 다룬 조사자 명단과 처분 __220
대통령 직속 친일반민족행위 진상규명 보고서

3대 충북 지사 이명구의 기막힌 변신 __228
대동아전쟁 참여 독려… 자서선 펴내 "그런 일 없다" 발뺌

충북 반민특위 어떻게 무력화 됐나 __234
활동 4개월 만에 특경대 해산… 칼날 무뎌지고 고립돼 결국 해산

제1부

영세불망, 다시 기억 전쟁을 벌이며

"당신을 영원히 잊지 않겠습니다"
간도특설대 창설한 친일 거물 이범익의 영세불망비

그의 이름은 기요하라 노리에키(清原範益). 관직은 일제하 중추원 참의, 강원·충남도지사, 만주국 겐다오[間島]성 성장.

그에겐 또 다른 이름이 있습니다. 바로 이범익(李範益)!

이범익

2009년 대통령 소속 '친일반민족행위진상규명위원회'가 펴낸《친일반민족행위 진상규명보고서》에 따르면 이범익은 1883년 충청북도 단양에서 태어났습니다. 어려선 한학을 수학했고 1903년 외국어학교 일어보통과를 졸업했습니다. 일본어에 능통해 러시아와 일본이 전쟁을 벌일 당시 일본육군성 육군 통역으로 근무했고, 대표적인 친일매국노 송병준의 비서관으로 일하기도 했습니다.

일본 제국주의 병합 후인 1912년 조선총독부의 강원도 춘천 군수를 시작으로 경산남도 김해, 경상북도 달성·예천·칠곡 군수를 8년간 역임했습니다.

일제국주의 조선총독부에서 그의 출세길은 탄탄대로였습니다. 1921년 조선총독부 사무관을 거쳐 1924년 10월에는 황해도 내무부장, 1927

년에는 경상남도 참여관을 지냈습니다.

1929년엔 강원도 지사, 1935년엔 충청남도 지사에 올랐습니다. 그리고 1935년 조선총독부 시절 우리나라 사람이 오를 수 있었던 관직 중 최고 자리였던 중추원 참의에 오릅니다.

1937년 7월에는 일본이 만주에 세운 괴뢰국가인 만주국의 초대 간도(間島) 성장에 오릅니다. 간도 성장에 오른 이범익은 괴뢰국가인 만주제국 정부와 친밀한 관계를 유지하고 치안유지를 강화하며 항일 무장 세력과 그 가족들에 대한 포위 토벌과 박해를 감행합니다.

이범익은 1938년 9월 15일 일제 조선총독부에 조선청년들로 결성된 특설부대를 간도에 조직할 것을 제의합니다. 조선총독부는 이범익의 제안을 받아들여 간도성 특별부대를 설치합니다. 이렇게 설치된 간도특설대는 일제의 관동군사령부 및 만주국군과 합동으로 간도 일대의 항일무장 역량에 대한 포위토벌을 진행합니다.

이범익의 제안에 의해 만들어진 간도특설대의 악행은 이루 말할 수 없었습니다. 우선 조선의 항일독립운동가를 조선인으로 하여금 때려잡는다는 발상부터가 보통 잔인한 것이 아닙니다.

민족문제연구소에 따르면 간도특설대가 살해한 항일운동가와 민간인은 172명에 이릅니다. 이 사실만으로도 이보다 더 악랄한 친일은 없다고 해도 지나치지 않을 겁니다.

이범익은 1942년 5월 일제가 징병제 실시를 결정하자 만선일보에 '조선인 최대의 감격, 영예 완수에 최선을 다하자'는 환영담화를 발표 합니다. 일제가 망할 때까지 성실하게 친일행적을 이어왔지만 광복 후에는 소련 홍군에 의해 간도 부성장 윤태동(尹泰東)과 함께 중앙아시아로 강제 이주를 당했습니다.

'이범익 각하 영세불망비(永世不忘碑)'

친일청산 미완의 역사는 이범익에게도 마찬가지였습니다. 광복 후인 1949년 3월 이범익은 반민특위에 체포돼 조사를 받았지만 그해 8월 기소유예 처분을 받고 풀려납니다.

1950년 8월 한국전쟁 당시 납북됐고 그 이후의 행방은 현재까지 알려지지 않아 언제 어디서 어떻게 죽었는지 알 길이 없습니다.

그렇게 끝난 것 같던 이범익. 하지만 그는 사라지지 않고 '영세불망(永世不忘)' 즉 영원히 잊히지 않고 기억될 존재로 두 번 나타납니다.

첫 번째 등장은 같은 친일파의 손에 의해 등장합니다. 강원도 지사 이범익 각하 영세불망비!

도대체 누가 이런 비석을 세웠을까요? 이 비석은 이범익이 강원도 지사로 재직할 당시인 1932년 그의 휘하에 있던 정선군수 김택림(金澤林, 창씨명 金光博, 1888~?)이 세웠습니다.

비석 앞면에는 '강원도지사 이범익 각하 영세불망비'라고 새겨져 있고 뒤에는 그를 추모하고 찬양하는 내용이 담겨 있습니다. 대략 이런 내용입니다.

> (친일파 이범익이 강원도지사로 부임해) 백성 위해 노고하며 사랑으로 돌보기를 다하셨다. 동쪽으로 오력사를 파견하여 사통팔달 뚫리었고 십만 거금으로 밑천 들여 자본으로 도와주었다. 우리 백성 편의하니 이로부터 넉넉하고 풍성해져 많은 사람 칭찬하니 두터운 은혜 영원히 칭송하네.

현재 이 비는 강원도 정선읍에 조성된 '아라리촌'에 있지만 원래는 정선군청 내에 설치됐던 것으로 전해집니다.

강원도 정선군 정선읍 아라리촌에 건립돼 있는 이범익 영세불망비. 2013년 정선문화연대 등 시민단체가 비 옆에 단죄문을 세웠다.

그렇다면 김택림은 왜 이런 비석을 세웠을까요?

'정선문화연대'에 따르면 1930년대 정선군 화암면엔 전국 5대 금광에 속하는 견포광산을 비롯해 많은 금광이 있었습니다. 금광 대부분은 일본인들이 소유하며 운영했습니다. 일제는 이곳 화암면에 있는 금광을 수탈하기 위해 정선군에서 가장 먼저 전기를 가설합니다. 1932년경 도지사 이범익은 화암면 일대 금광에 필요한 기간시설을 만들거나 외부로 금을 쉽게 실어 나를 수 있는 신작로를 개설하기 위해 거금 10만 원을 지원했습니다. 당시 조선총독부의 정선군수 김택림은 이와 같은 이범익의 친일 행적을 칭송하기 위해 불망비까지 세웠습니다. 친일파가 친일파를 칭송하는 아부의 극치였던 것이죠.

사실 김택림도 이범익 못지않은 친일파입니다. 평양 출신인 김택림은 16세 되던 해인 1904년 평남 중화군 사립 일어학교 특별과를 졸업했습니다. 이범익처럼 일어과를 나온 것이죠.

1930년 5월 강원도 정선 군수에 임명돼 1933년 5월까지 만 3년간 재직했습니다. 군수 재직 중 그는 일제로부터 '훈6등 서보장'을 받습니다. 1936년 강원도 통천군 순령 면장에 임명됐고 1937년 중일전쟁이 발발하자 군수품 공출, 군사원호, 국방헌금품 모집 등 전쟁지원 업무를 적극 수행했습니다. 태평양전쟁이 터진 1943년 3월 강원도 통천 군민들이 모금하여 구입한 애국기 '통천호' 헌납식 때 통천 군수와 함께 헌납대표로 참석하기도 했습니다.

현재 이범익 영세불망비는 정선군이 심혈을 기울여 조성한 관광지인 '아라리촌'에 다른 17개의 공덕비·영세불망비와 함께 옮겨져 있습니다.

정선군은 아라리촌 비석군에 대해 '지난 날 이 고장의 향현과 선정을 베풀었던 방백과 군수들의 업적을 기리는 비석으로서… 1976년 비봉산 중턱에 이전하였는바 외딴 산속으로 문화유적의 가치를 발휘하지 못하

영세불망비도 모자라 동상까지 세워준 일제

1937년 5월 27일 조선총독부 기관지 격인 〈매일신보〉는 '전 강원도지사 이범익씨 동상, 춘천에 건립'이란 제목의 기사를 보도합니다.

매일신보는 기사에서 "전 강원도지사 이범익 씨는 본도 재임 6년 동안 허다한(많은) 공적을 남긴바 있어서 그가 본도를 떠난 지도 이미 3년이 경과한 오늘에도 도치(道治)에 대한 이범익 씨의 위적(偉蹟:훌륭한 자취)은 찬연히 빛나고 있다"고 기술합니다.

이어 "이 지사의 전임이 발표되자 도민은 그의 유임을 갈망한 있었든 터이며 이범익 씨가 떠난 후에 그의 위적을 영원히 기념하고자 동상 건립을 발기하게 되자 전 도민이 향응하야 급속도로 실현을 보게 되었다"고 설명합니다.

그러면서 "요즘(최근) 이범익씨의 동상이 도착하게 되어 산충우태랑(일본인 이름)

므로 많은 사람들이 볼수 있는 곳으로 이전하라는 주민들의 여론에 따라 정선 군민과 관광객이 자주 찾는 아라리촌으로 이전 건립하였습니다'라고 소개하고 있습니다.

친일파가 친일파의 비를 세우고 친일을 청산하지 못한 후손들의 정부는 '문화유적'으로 승격시킨 셈이죠.

또 다른 진짜 영세불망비

"세월이 흘러 이 불망비가 먼지가 될 때까지 대한민국 국민의 이름으로 이범익과 김택림의 친일행각을 기억하고 또 기억했으면 좋겠습니다."(거물친일파 이범역 영세불망비 단죄문 中)

그렇게 '영세불망'할 것 같았던 이범익의 비석 옆에 2013년 진짜 '영세

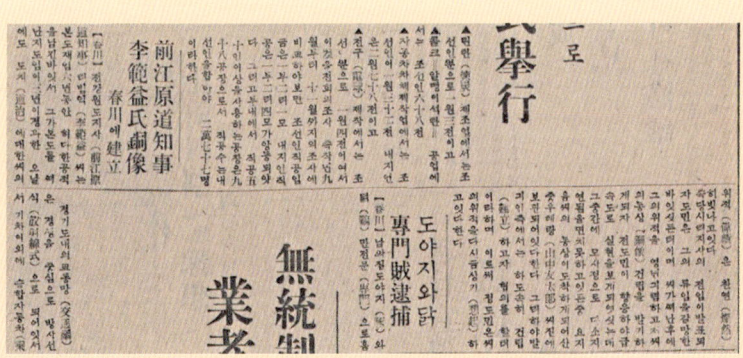

씨 집에서 보관되었다 한다"며 "산충우태랑 측에서도 하루속히 건립하고자 협의를 할 터이라 하며 이로써 전 도민은 이범익씨의 위직을 다시금 상기하고 있다 한다"고 끝을 맺습니다.

불망비'가 나타납니다. 2013년 '참된 세상을 여는 정선문화연대'와 민족문제연구소 등은 이범익의 영세불망비에 '거물친일파 이범익 영세불망비 단죄문'을 세웁니다.

　단죄문에는 이범익의 사진과 함께 이범익·김택림의 친일 행적을 고스란히 담아놓았습니다. 정선문화연대는 "이범익의 영세불망비가 있으매 당장이라도 철거하고 싶은 마음 크지만 이 역시 우리가 품어야 할 아픈 역사임에 이 자리에 고이 두고자 한다"고 적었습니다. 또 "친일 반민족 역사의 중요한 현장으로 남길 바라며 현대를 살아가는 이들과 후세들을 위한 친일교육 현장과 연구자료로 활용되길 소망한다"고 했습니다.

　그렇다면 이 하나의 단죄문으로 친일파에 대한 '영세불망'의 내용을 바꾸어 놓을 수 있을까요?

친일 잔재가 **문화유산**이라구요?
공주 공산성 세계유산지구에 세워진 '색마지사' 박중양의 공덕비

'도장관 박중양 불망비(不忘碑)'. 박중양의 일본명은 '호추시게요'(朴忠重陽)입니다. 전 충남·북도지사와 중추원 참의를 지낸 거물 친일파입니다. 대한민국 국민이라면 누구나 이름을 알고 있는 이토 히로부미의 양아들로 알려져 있습니다.

일제하 총독을 데리고 속리산 법주사에 들어와 여승을 불러다 술잔치를 벌인 것도 모자라 여승을 겁탈한, 뼛속부터 친일로 가득찬 조선인 일제관료. 해방 이후에도 이토 히로부미를 '이토 公'이라 불렀던 사람입니다.

박중양

유네스코 세계유산인 충청남도 공주시 공산성. 2015년 7월 공주시 공산성과 송산리 고분군을 비롯한 부여·익산의 백제 유적 8곳이 유네스코 세계유산으로 등재됐습니다.

공산성은 세계유산으로 등재될 만한 가치가 충분한 곳입니다. 북쪽으로 흐르는 금강과 급경사를 이루는 공산(公山)의 산세를 활용한 천연의 요새인데다가 백제 시대 왕궁지의 유적이 발견된 곳입니다.

비단물결 금강을 뒤로하고 공산성 입구 오른쪽으로 올라가면 도로와

유네스코 세계유산으로 지정된 충청남도 공주시 공산성 전경.

붙어있는 곳에 비석군이 존재합니다. 비석군 중 가장 눈에 띄는 것은 '본 (충청남)도장관 박공중양 불망비'입니다. 일본명 호추시게요 불망비(不忘碑)죠.

'유공선정(惟公善政) 민불능망(民不能忘)'. 불망비의 비문은 이렇게 시작합니다. 한마디로 '박중양이 충남도 지사로서 베푼 선정을 생각할 때 백성이 어찌 잊을 수 있으리까' 하는 내용입니다. 나머지 비문을 읽어볼 필요도 없이 조선총독부 충남도 지사(일제관직명 충청남도 장관)로 재직한 박중양의 선정을 기리는 내용입니다.

친일파 공덕비가 문화유적이라구요?

2017년 충청남도 소재 모 언론사는 "세계유산인 공산성에 위치한 문화유적 '공덕비'를 엉망으로 관리해 비난을 사고 있다"고 보도합니다.

공산성 정문 인근에 조성된 비석군. 동그라미 안이 박중양 불망비다.

 이 언론사는 기사에서 "공주시내버스 터미널 맞은편 공산성 자락에 구한 말 관찰사를 지낸 관찰사 조운철, 관찰사 성이호, 도장관 박중양, 중추원 의관 홍종협, 도지사 김관현 등 5명의 공적비가 나란히 세워져 있다"며 "이곳은 대로변일 뿐만 아니라 시내버스를 이용하는 공주시민들이 고스란히 목격할 수 있는 자리에 세워져 있음에도, 잡초가 무성하게 자란 상태로 방치돼 있다"고 지적합니다.
 그러면서 "공주시가 세계유산도시라며 떠들썩하게 홍보함에도 정작 중요한 공산성 문화유적 관리는 뒷전이라는 비난을 피할 수 없게 됐다"고 따끔하게 비판합니다.

한마디로 친일파 박중양의 공적비가 문화유산인데 엉망으로 관리됐다는 것이죠. 여기에 시민의 말을 빌어 비판의 강도를 한층 더 높입니다.

이 신문은 "공주 역사에 조예가 깊은 A씨는 '귀중하든 어떠하든 간에 문화유산을 제대로 관리하는 것이 공주시가 해야할 일인데, 지날 때마다 안타까움을 금할 길 없었다'면서 '역사관광도시라고 떠들기에 앞서 제대로 된 관리가 우선순위가 아니겠는가'라며 답답함을 호소했다"고 덧붙입니다.

기사에는 공주 지역의 한 인사가 "도장관 박중양, 중추원의관 홍재홍 등등 한말 도백들의 불망비입니다. 참으로 딱한 노릇입니다. 제가 보기에는 서문 입구에 줄지어 서 있는 불망비들보다 훨씬더 역사적 가치가 있는 비석"이라며 "탁본을 해서 두루두루 써먹어야 할 중요한 역사자료"라고 언급한 인터뷰까지 실려 있습니다.

그래서인지 최근 공주시는 친일파 박중양의 공덕비 부근에 공원을 조성하고 비석군 일대를 정비하기도 했습니다.

'색마지사'로 불렸던 박중양

잊으면 안 되는 인물로 여전히 추앙받는 조선인 '호추시게요(朴忠重陽)' 박중양. 그는 어떤 인물일까요?

1923년 6월 16일 동아일보는 박중양의 악행에 대해 보도합니다.

> 당대의 일도 장관으로서 어찌 차에서 내려 흙발을 밟으랴 하는 생각이 들었는지 박중양 씨는 기어코 차에서 내리지를 않고 촌가에 가서 소를 끌어다가 자동차를 끌어 넘기게 한 결과 겨우 도지사의 위엄은 간직하게 되었다.

당시 조선총독부 충청북도지사로 있던 박중양에 관한 기사인데 실상은 이렇습니다.

충북도지사로 부임한 지 두 달 되던 그때 법주사를 유람하기 위해 속리산을 찾던 중 말티고개에 이르러 차가 막혔습니다.

시골 소로길에 불과했던 말티재에서 차가 막히자 박중양은 인근 농가에서 소를 끌고와 차를 끌고 넘어 가게 합니다. 그래도 분이 안 풀렸던지 박중양은 이후에 조선총독부의 보은 군수를 시켜 말티재를 확장하게 합니다. 박중양의 지시를 받은 당시 보은 군수 김재호는 1만여 호의 군민을 부역에 동원합니다. 당시가 농번기인 6월임을 감안하면 부역에 끌려온 농민들의 불만이 어땠는지는 미뤄 짐작하지 않아도 뻔합니다.

이에 대해 〈동아일보〉는 "매우 울분히 여기던 중 더욱이 같은 (보은)군에서도 회남면 회북면과 같은 곳은 부역장까지 근 백여 리가 되니 인민의 피해와 곤란은 이를 길이 없었다"라고 지적합니다.

민폐가 막심했던 이 사건도 애교에 불과합니다. 박중양의 엽기적 행각은 속리산 법주사에서 정점에 이릅니다.

당시 〈동아일보〉 보도에 따르면 박중양은 1924년 12월 26일 조선총독부 사이토 마코트 총독 내외를 데리고 속리산 법주사를 찾습니다. 속리산에 도착한 박중양 일행은 법주사 대법당에서 술자리 주연을 엽니다. 그 당시 법주사에는 여승 200여 명이 있었는데 이중 젊고 아름다운 비구니 6명을 선발해 시중을 들게 하면서 질펀한 술자리를 벌입니다.

부처님과 사찰을 능멸한 것이죠. 이때 박중양의 눈에 20살의 비구니 양순재가 눈에 들어왔습니다. 급기야 박중양은 비구니 양순재를 데리고 사라집니다. 이것이 끝이 아닙니다. 며칠 후 비구니 양순재는 법주사에서 싸늘한 시신으로 발견됩니다. 박중양에게 당한 분노와 수치심에 목숨을 끊은 것이죠.

1925년 3월 26일 박중양의 여승 겁탈 사건을 보도한 〈동아일보〉 기사.

이 사건은 세 달 정도가 지난 뒤 〈동아일보〉의 보도에 의해 세상에 알려집니다. 1925년 3월 6일 〈동아일보〉는 이 사건을 보도하면서 박중양을 '색마지사(色魔志士)'라고 호칭하며 관련 내용을 보도 합니다.

3·1만세운동을 앞장서 막은 '신념'

박중양은 1959년 87세에 생을 마감합니다. 한마디로 천수를 누린 셈이죠. 박중양은 일제 치하에서 충남과 충북도 지사를 지냈고 중추원 참의까지 지냈습니다. 1945년 4월에는 일본 귀족원 칙선의원까지 됩니다.

3·1 운동이 벌어지자 '자제단'을 조직하여 운동의 확산을 막았습니다. 박중양이 조직한 자제단은 한마디로 3·1 만세운동에 참여한 동포를 밀고하는 단체입니다.

박중양은 친일파 중에서도 거물 중의 거물로 '신념에 찬 친일파'라는 꼬리표가 붙어다닙니다. 독립운동을 하다 변절한 친일인사가 아닌 태생부터 친일이었기 때문입니다.

박중양은 관비로 일본 유학을 하며 이토 히로부미의 문하에서 공부를 했습니다. 그러던 중 이토 히로부미의 부인이 물에 **빠졌을** 때 박중양이 구해줍니다. 이토 히로부미는 박중양에게 사례를 하려 했지만 그는 거부합니다. 이 일로 박중양은 이토 히로부미의 총애를 받은 것은 물론 '이토의 양자'라는 말까지 듣습니다. 이런 인연은 해방 후에도 이어져 박중양은 이토 히로부미를 '이토 공(公)'이라고 불렀습니다.

박중양은 일제 패망 이후에도 "독립운동가들이 잘나서 독립이 된 것이 아니라 미군이 일본을 쳐서 우연히 독립된 것이며, 미국과 일본이 전쟁하지 않았다면 우리는 독립할 수 없었을 것"이라고 말합니다.

천수를 누리며 **뼛속까지** 친일인사였던 박중양. 그의 선정을 기록한 불망비는 대한민국 소유의 토지에서 여전히 보호받고 있습니다. 그러나 그에 대해 제대로 된 기억을 갖고 있는 사람은 드뭅니다. 공주시 문화재 관련 담당부서 공무원은 이렇게 말했습니다.

"뭔가 안 좋은 사람들의 비석이 있다는 이야기는 들었지만 자세히는 모른다."

제2부
괴산 지역의 친일 잔재

동포를 **사살한 공적**은 여전히 빛나고
3·1 만세운동 참가자에게 발포…헌병보조원 출신 문광면장의 공덕비

1949년 8월 31일 '조선중앙일보'는 〈반민족행위처벌법 공소시효, 8월 31로 종료〉라는 제목의 기사에서 울분을 터뜨립니다.

조선중앙일보는 8월 31일로 (반민족행위처벌법의) 공소시효가 종료된다며 반민족행위자들은 이제 안심할 수 있게 됐다는 문장으로 기사를 시작합니다.

조선중앙일보는 "반민족 행위를 한 자들의 이름만 한번 들어보아도 단번에 알 수 있는 것이지만 그자들은 일제 시대의 왜놈들에게 아첨하여서 높은 지위와 많은 재산을 만들었던 것이다"라며 반민족행위자들의 정체성을 지적합니다.

그러면서 1949년 1월 8일 박흥식을 검거해 취조하기 시작했지만 첫걸음부터 순조롭지 못했고 공소시효가 조기에 종료되면서 일반 국민들의 기대가 엄청나게 어그러졌다고 소개합니다.

조선중앙일보는 반민족행위자들이 보석으로 석방되는 현실에 대해 다음과 같이 개탄합니다.

> 재판정에서 재판관 및 신성한 법정을 무시하고 빨갱이의 법정이니 무엇의 재판소니 하고 모독을 감행하던 이종형(李鍾滎)이조차도 보석되었

충북 괴산군 문광면사무소에 있는 문광면장 송재욱 기념비. 반민특위 조사기록에 따르면 송재욱은 1919년 3월 30일 청주시 미원면에서 일어난 삼일운동 만세시위 당시 일제 헌병보조원으로 있으면서 참가자에게 총을 쏴 2명을 죽인 악질 친일인사다.

다는 것에 대하여는 아무리 생각하여도 머리를 끄덕일 수 없는 것이다. 죄를 미워하나 사람은 미워하지 않고 따라서 병이 있는 피고를 보석함이 잘못이 아닐지도 모르나 그러나 모든 일에는 정도가 있는 것이니 어찌 하필 반민족자에 한하여 그다지 병자도 많이 생기며 시비도 많은가 말이다."(〈조선중앙일보〉 1948. 8. 31. '반민족행위처벌법 공소시효, 8월 31로 종료' 기사 中)

'반민족자에 한하여 그다지도 병자도 많이 생기며 시비도 많은가 말이다'라고 하는 문장이 정말로 개탄스럽습니다.

조선중앙일보는 반민특별재판부 통계를 인용해 병보석 등으로 석방된 통계를 공개합니다. 이에 따르면 1949년 1월 8일부터 그해 8월 29일까지 기소 총 건수는 222건입니다. 이중 불구속기소 건수가 44건이며 보석 건수는 57건입니다.

조선중앙일보는 "불구속 건수와 보석 건수를 합치면 101건으로 이를 기소 총 건수에 비해보면 약 50%에 해당된다"며 보석된 자의 이름을 공개합니다.

3·1 만세운동 참가자를 사살한 문광 면장 송재욱

공개된 57명의 이름에는 송재욱(宋在旭)이라는 사람이 들어가 있습니다. 송재욱. 이 사람은 어떤 인물일까요?

송재욱은 2009년 친일반민족행위진상조사위원회에서 발간한 보고서 'Ⅲ-1'편에 이렇게 소개돼 있습니다.

> 송재욱(宋在旭) 헌병보조원으로 미원에서 3·1 운동 당시 2명을 사살한 공로로 면장 한 자, 괴산군 문광면장 9. 29 현재 병보석.

같은 보고서 151쪽에 또다시 언급됩니다. 반민법 제4조 6호는 군이나 경찰의 관리로서 악질적인 행위로 민족에게 해를 가한 자는 10년 이하의 징역에 처하거나 15년 이하의 공민권을 정지하고 그 재산의 전부 혹은 일부를 몰수할 수 있다고 소개합니다.

그러면서 (반민특위가) 헌병보조원으로 체포 조사하는 자는 송재욱이라고 언급합니다. 반민특위는 헌병보조원으로 체포된 심의중에게는 사형을 구형했습니다. 하지만 송재욱은 어떤 처벌을 받았는지 기록에는 나오지 않습니다.

일제강점기 시절 송재욱에 관해 언론에 보도된 기사가 몇 건 있습니다. 〈중앙일보〉 1932년 11월 1일 조선총독부가 충북지역의 면화 채취와 관

> ○ 반민법 제4조 6호 해당 : 헌병보·군인
>
> 반민법 제4조 6호는 다음과 같다. "제4조 좌의 각호의 1에 해당하는 자는 10년 이하의 징역에 처하거나 15년 이하의 공민권을 정지하고 그 재산의 전부 혹은 일부를 몰수할 수 있다. … 6. 군, 경찰의 관리로서 악질적인 행위로 민족에게 해를 가한 자". 특별조사위원회가 헌병보조원 출신 경찰로 체포·조사한 자는 김상규(金相圭), 손경수(孫景洙), 유철(劉徹), 윤성길(尹成吉), 이만갑(李萬甲), 임석균(任錫均), 장명원(張明遠), 최환동(崔煥東) 등 8명이었다. 그리고 헌병보조원으로 체포·조사한 자는 송재욱(宋在旭), 심의중(沈宜中), 이필순(李弼純), 정달호(鄭達호), 정춘영(鄭春永) 등 5명이다. 이들 중 심의중, 송재욱, 정달호 등 3명이 기소되어 재판을 받았다. 심의중은 반민법 제3조가 적용되어 사형을 구형 받았고, 송재욱, 정달호는 재판이 종결되지 않았다.
>
> 군인으로 체포·조사된 자는 박두영(朴斗榮, 포병 대좌), 박종표(朴鍾杓, 헌병).
>
> Ⅲ. 반민족행위특별조사위원회의 설립과 활동 ▎151

송재욱에 대한 반민족행위진상보고서.

리를 높이기 위해 면화취체 담임직원을 증원했는데 괴산군 책임자에 송재욱을 임명했다는 내용입니다.

  1939년 6월 1일 〈부산일보〉에는 송재욱이 (괴산군) 문광면장으로 임명됐다고 보도합니다. 또 조선총독부 및 소속관서 직원록에도 1939년과 1940년도 연속으로 문광면장에 송재욱의 이름이 들어가 있습니다.

  1949년 4월 17일 〈평화일보〉는 '반민족행위특별조사위원회의 반민혐의자 체포 통계'란 제목의 기사에서 체포된 송재욱(宋在旭)을 일제의 '고등경찰'이라고 적시해 놓았습니다.

이름도 무색한 3·1운동 100주년

  올해는 3·1 운동 100주년이 되는 해입니다. 1919년 3월 30일 시작된 청주시 미원면 미원장터 만세시위는 규모 면에서 충북을 대표하는 3·1

운동으로 평가받습니다.

당시 미원면 용곡리에 거주하는 신경구(申敬求) 선생은 1919년 3월 1일 이후 전국 각지에서 독립만세 시위가 전개되고 있다는 소식을 듣고, 미원면에서도 만세시위를 전개할 것을 계획합니다. 신경구 선생은 이수란(李水蘭)·이용실(李容實) 등과 미원장날을 이용하여 시위할 것을 결의하고, 선언서와 태극기를 인쇄·제작하는 한편 동지를 규합합니다.

이들은 3월 30일 오후 1시경 장터 네거리로 나가 조선독립만세를 외칠 것을 호소하며 천 여 명의 군중들과 함께 만세시위를 펼쳤습니다.

현장에 출동한 일제 헌병들이 태극기를 빼앗고 군중들을 강제 해산시키려 하였으며, 군중들의 규모가 더욱 커지자 일제 헌병은 시위에 앞장섰던 신경구를 헌병주재소에 구금합니다. 이에 격분한 군중들은 주재소로 몰려가 신경구의 석방을 요구하는 등 더욱 격렬한 시위를 전개합니다.

이때 일제는 청주경찰서 수비대의 일부 병력까지 동원하여 시위군중들에게 발포해 그 자리에서 1명이 사망한 것을 비롯해 모두 2명이 사망하고 다수의 부상자와 피해자가 발생합니다.

미원 지역에서는 지금까지 발포자가 일본 헌병으로 알려져 있었습니다만 반민특위 조사기록에는 조선인 송재욱이 2명을 사살했다고 기록돼 있습니다.

문광면사무소 앞마당에 건재한 송재욱의 공덕비

송재욱의 죄상은 다른 어떤 친일인사들의 행적과 견주어도 악질입니다. 3·1 만세운동에 나선 동포를 사살한 그 죄상이 어찌 가볍다 할 수 있겠습니까?

그런 악질적인 반민족행위자인 송재욱은 안타깝게도 여전히 존대받고 있습니다. 충북 괴산군 문광면 사무소 한쪽에는 여전히 그의 공덕을 기리

쓰려져 있는 송재욱 공덕비.

는 공덕비가 존재합니다.

비석의 전면에는 '면장송재욱기념비(面長송재욱紀念碑)', 뒷면에는 '갑신중추 문광면일동'이라고 적혀있습니다.

지난 2월 15일 기념비가 있는 문광면사무소를 다시 찾았습니다. 그런데 지난해까지 멀쩡하게 서있던 송재욱의 기념비가 뽑힌 채로 방치돼 있었습니다. 웬일일까요?

문광면 관계자는 "면사무소 주차장 공사가 진행 중인데 다른 곳으로 옮겨 설치하려고 현재 비를 뽑아놓았다"라고 말했습니다. 그러면서 "공사가 마무리되면 잘 정돈해서 안내판과 함께 설치할 계획"이라고 말했습니다.

송재욱의 친일행적을 아느냐고 물었더니 "선혀 모른다"라고 대답했습니다. 이 관계자는 "만약 친일행적이 확인된다면 다른 접근을 해야 할 것"

이라고 말했습니다.

 헌병보조원으로 3·1운동에 참여한 제 동포를 사살한 악질 친일인사의 기념비는 현재도 국가 공공기관의 마당 한가운데에 여전히 보호받고 있습니다. '국민이 지킨 역사'— 문광면사무소 인근에 있는 한 초등학교에 걸린 3·1운동 100주년 기념 현수막이 참 부끄럽게 느껴집니다.

조선총독부가 극찬한 일본**황실주의자**
조선황실 후손으로 일제에 아부한 이태호의 공적비

우리나라가 일본에게 침략을 당하게 됨에 많은 애국자들이 나라를 위하여 목숨을 바치거나 재산을 기우려 겨레를 건지려 하였으니 그때 표적인 것이 3·1 운동이라 하겠거니와 그 당시 또 하나 이 고장의 선각자가 계시었으니 고가 곧 이태호(李泰浩) 선생이시다.

그는 나라를 되찾는 데에는 민족이 오직 배워서 하는 것이 지름길이라고 생각하시어 막대한 사재를 희사하고 자기 집까지 내어놓아 학교를 창설케 하였으니 그것이 목도국민학교의 시작이다.

이제 개교 오십주년을 맞이하여 지금은 가신 그분의 공적을 추모하고 기념하기 위하여 지방사람들의 뜻을 모아 이 비를 세운다. 서기 1969년 7월 10일

(충북 괴산군 목도초등학교에 세워진 '전사 이태호 선생 공적비' 비문)

위 글은 충북 괴산군 불정면 목도리에 소재한 목도초등학교 교정에 세워진 이태호공적비의 내용입니다. 괴산군 불정면 목도리는 지명 때문에도 자주 방송에 소개되는 동네입니다.

비문에 나오는 내용처럼 이태호(1861~1943) 씨는 지금의 목도초등학교 설립에 관여한 것으로 알려졌습니다. 한국학중앙연구원이 편찬한 《한

괴산군 불정면 목도초등학교 세워진 이태호 공덕비. 학교 설립 당시 사재를 희사한 이 씨는 이후 조선총독과 교류하며 일 황군 전사상자 모금운동을 하는 등 일제에 아부한 정황이 분명하다.

국민족문학대백과대사전》은 목도초등학교에 대하여 "1919년 7월 3일 목도공립보통학교 4년제로 지방 유지 이태호(李泰浩)가 설립을 위해 현금 1000원(당시 쌀 200가마)을 기부하였다"고 소개합니다. 또 "1919년 10월 10일 지역 유지 이태호의 사옥 3층 건물을 차용하여 가교사로 사용하고 1학년 68명을 모집하여 2학급을 편성하였다. 1920년 12월 현재의 자리에 신축교사를 준공하고 이전하였다"고 설명합니다.

목도공립보통학교는 1938년 4월 1일 조선교육령 개정이 되면서 교명이 목도공립심상소학교로 바뀝니다.

조선태조 이성계의 장자 진안대군의 후손

목도초등학교를 세우는데 자신의 재산을 기부한 사실은 일제강점기 시절 여러 언론에서 보도합니다.

이태호는 조선왕조를 세운 태조 이성계의 장자 진안대군 이방우의 19대 후손으로 알려져 있습니다. 이태호가 살았던 괴산군 불정면 목도리에는 청덕사(淸德祠)라는 사당이 있습니다. 청덕사는 진안대군 이방우와 그의 장자인 봉령후 이복근의 위패를 모신 사당입니다.

조선왕조가 나중에 대한제국으로 국호를 바꿉니다. 국호는 변경됐지만 조선왕조를 개국한 태조 이성계의 장자 직계후손인 이태호 씨도 당연히 대한제국 황실의 자손이라는 사실에는 변함이 없습니다. 황실의 자손이니 나라를 빼앗긴 그 울분이 얼마나 컸겠습니까. 이런 사실과 견주어 보면 이태호 씨가 빼앗긴 나라를 되찾기 위해 학교 건립에 사재를 희사했다는 것은 어찌 보면 당연해 보입니다.

그런데 일제강점기 시절의 언론 보도 내용을 살펴보면 비문에 새겨진 것과는 다른 정황이 속속 나옵니다.

조선총독부의 기관지 역할을 했던 〈매일신보〉는 1937년 이태호 씨에 대해 '보기드문 황실주의자'이고 중일전쟁 당시 '황군장병'의 노고에 감격해 모금활동을 했다고 보도합니다.

〈매일신보〉는 1937년 9월 4일 신문에서 '육십세 이상 남녀에게 전사상자 조위금을 모집 / 77세의 괴산 이태호 옹 선두에 서서 대 활동'이라는 제목의 기사를 싣습니다. 우선 이태호 씨가 조선총독부 총독과 기타의 유명한 인사와 알고 친하게 지내고 있는 조선 내에서 '보기드문 황실주의자'라고 언급하고, 이어 이태호 씨가 '지나사변'(중일전쟁)이 일어나 황군장병의 노고에 감격하야 77세의 노골이라 하디리도 도저히 그대로 앉아 있을 수 없다면서 모금운동을 시작했다고 소개합니다.

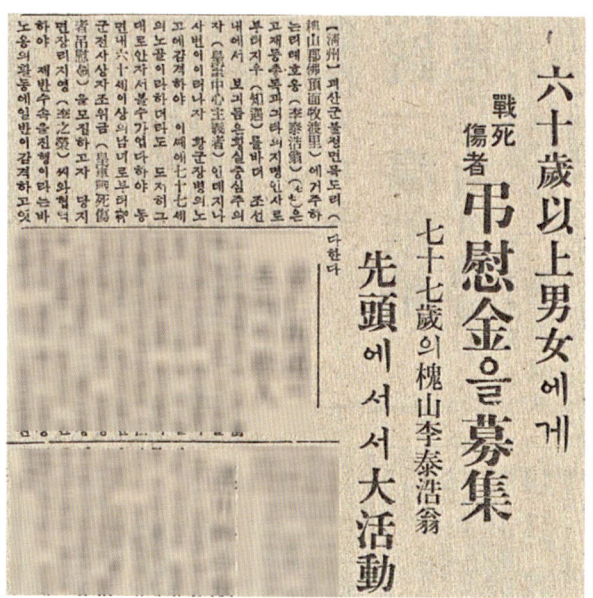

1937년 9월 4일 〈매일신보〉가 보도한 이태호 씨 관련 기사. 이 씨는 조선에서 보기 드문 (일)황실주의자이며 중일전쟁에서 희생된 일본(황군) 전사상자를 위로하기 위해 조위금을 모금하고 있다고 보도했다.

매일신보는 이태호 씨가 동면(불정면) 내 60세 이상의 남녀로부터 '황군(일본군) 전사상자 조위금(위로금)을 모집하고자 불정면장 이지영(李之榮) 씨와 협력해 모금운동을 하고 있다고 소개합니다. 그러면서 "노옹(나이든 노인, 이태호를 지칭)의 활동에 일반이 감격하고 있다 한다"라고 기사를 마무리합니다.

"조선에서 보기 드문 황실주의자"

일제로부터 '조선에서 보기 드문 황실주의자'라고 지칭된 이태호 씨의 행적은 1937년이 최초가 아닙니다.

1930년 11월 14일 〈동아일보〉는 '진안대군의 후예로 독농독학의 발명

1930년 11월 14일 〈매일신보〉가 보도한 이태호 씨 관련 기사. 조선총독부 총독 사이토 마코토가 이태호 씨의 집을 방문해 경의를 표했다고 전했다

가 / 농구로 저술로 농촌계발 충북 괴산 이태호 씨'라는 제목의 기사에서 당시 조선총독부 총독이 괴산 이태호 씨의 집을 방문해 경의를 표했다고

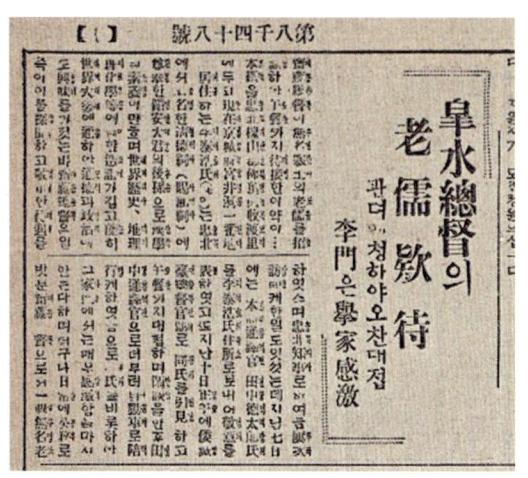

1930년 2월 14일 〈매일신보〉가 보도한 이태호 씨 관련 기사. 조선총독부 총독이 이태호씨를 관저에 초청해 오찬을 가졌다고 전했다

보도합니다.

    같은 날 〈매일신보〉도 '총독과 이태호 노인 시여의 간담 피력 / 그의 숨은 위대한 공적을 차저 / 일세의 사표될 행적'이라는 기사를 보도합니다.

    〈매일신보〉는 사이토 마코토(齋藤實)가 이태호 씨를 방문했다는 소식을 전하면서 총독이 한 시간 이상이나 이야기를 나누고 매우 만족한 빛을 가지고 나왔다고 소개합니다. 그러면서 이 씨가 태조 이성계의 후손이라는 것을 강조하며 칭찬합니다. 〈매일신보〉는 "이태호 씨는 금년 칠십셋의 고령으로 이 태조의 맏자제분 진안대군의 십팔대 후예인데 이태호 씨는 세상에 있어서는 드물다 할 만큼 한학에 깊은 조예를 가지고 있고 또 시대적 지식과 학문에도 훌륭한 일가견을 가지고 있는 숨은 학자"라고 강조합니다.

태조 이성계의 후손임을 이용한 일제

이보다 9개월 앞서 사이토 마코토 총독은 이태호 씨를 직접 관저에 불러 오찬을 대접하고 환대를 합니다.

1930년 2월 14일 〈매일신보〉는 '고수 총독(皐水總督)의 노유관대(老儒歟待) 관저에 청하야 오찬대접 / 李門(이태호씨 문중)은 거가감격(擧家感激)'이라는 기사를 내보냅니다. 내용인즉 총독 관저에 이태호 씨를 불러 오찬을 대접하고 통역관을 시켜 자동차로 데려다 줬는데 이태호 씨를 비롯해 그 가문에서는 매우 감격해했다는 것입니다.

일제가 이렇게까지 이 씨를 우대하고 언론을 통해 적극적으로 홍보한 이유가 무엇일까요? 조선왕조의 후손도 일제에 협력하고 있다는 내용을 부각시켜려 그를 이용했다고 생각한다면 지나친 것일까요?

신흥종교 인도교(人道敎)의 정체

태조 이성계의 장자 진안대군의 위패를 모신 사당 청덕사에는 2010년대까지 '인도교 창립 기념비'가 있었던 것으로 알려졌습니다. 기념비까지 있던 것으로 보아 지역의 향토사학자들은 이태호 씨가 창립한 것으로 보고 있습니다. 그러나 정확한 기록은 남아있지 않아 사실관계는 정확치 않습니다.

한국학중앙연구원의 《한국민족문화대백과사전》은 인도교(人道敎)에 대해 "증산교의 일파. 1930년 채경대가 전라북도 정읍에서 창립하였다. 상제신앙이며 경전은 《대순전경》을 주로 사용하지만, 미공개된 《개벽경》, 《구잡비장경》이 있다"고 소개합니다.

또 일제강점기 시절 언론을 살펴보면 일제는 인도교를 사이비종교 집단으로 보고 대대적인 탄압을 했던 기록이 확인됩니다. 채경대의 '인노교'가 탄압을 받던 시절 이태호 씨는 조선총독과 교류하며서 환대를 받았던 만큼 두 종교는 유사성이 없을 가능성이 더 커 보입니다.

또 이태호 씨의 인도교창립기념비에 일본인이 참배했다는 소식도 있고 광복 후에 주민이 그 사실 때문에 일부 시설을 파손했다는 이야기도 있습니다. 인도교의 정확한 정체를 확인하기는 힘들지만 주민들로부터 환영받은 것은 아닌가 봅니다.

이태호 씨가 교육기관 설립에 일정 재산을 희사한 것은 사실입니다. 하지만 조선왕조 황실의 후손으로 일제에 아부한 기록도 분명합니다. 과연 이 씨의 공로를 인정한다 하더라도 '3·1 운동'이 언급되거나 '나라를 되찾는데 지름길'이라는 수식어가 들어간 공적비가 학교 교정에 존재하는 것이 합당한 일일까요?

여러분의 생각은 어떻습니까?

재활용돼 살아 남은 **신사**의 잔해물
황국신민화에서 '자립갱생'으로 부활한 괴산 사리면 신사

조선에서의 안정적인 지배체제를 구축하려는 일제는 조선인의 정신마저도 일본인으로 개조하려는 '황국신민화' 정책을 집요하게 시행합니다.

1937년 일제는 초등학생에게 "나는 대일본제국의 신민이다"라는 황국신민서사를 암기하고 낭송할 것을 강요하고 성인에게는 "우리는 황국신민이며 충성으로써 군국에 보답하자"란 글귀를 낭송하게 합니다. 한국인의 성씨를 일본식으로 개명하는 창씨개명 운동 또한 마찬가지로 조선인을 일본인으로 개조하려는 집요한 정신공작입니다.

'신사참배 강요' 또한 그러한 개조운동의 하나입니다. 메이지유신(明治維新)으로 천황제 국가를 확립한 일제는 종교로 내려오던 '국가신도'를 일왕에 복종하는 이념적인 제도로 변질시킵니다. 아예 일본제국의 헌법에까지 명문화하더니 일본 소학교부터 행사로 제도화시킵니다.

그런 일제가 우리나라에서 가만히 있었겠습니까? 처음에는 한국에 거주하는 일본인 거류민을 대상으로 신사를 들여왔지만 조선총독부가 들어서면서 천황제 이데올로기를 주입시키는 기반으로 확대해 활용합니다.

조선총독부는 1915년 '신사사원규칙'(神社寺院規則)과 1917년 '신사에 관한 건'을 공포하고 신사를 대대적으로 건립합니다. 나중엔 '1면(面)

1신사(神社)' 원칙까지 세웁니다. 그렇게 해서 1945년 해방 무렵에는 전국에 1000여 개가 넘는 신사가 넘쳐나게 됩니다.

해방 후 제일 먼저 불태워진 일제 신사

일제의 신사참배 강요는 참으로 집요했습니다. 신사참배를 거부하면 학교까지 폐쇄할 정도였으니까요. 1936년 10월 31일 〈조선신문〉은 청주사립청남학교에 대한 휴교조치를 신사참배를 조건부로 해제한다고 보도했습니다. 1936년 10월 17일 매일신보도 신사참배를 하지 않아 휴교명령을 받은 청주청남학교(현 청주 청남초등학교)가 개교를 위해 10월 15일 이 학교 학생 120여 명이 교장 인솔 하에 신사참배 했다고 보도했습니다.

일제의 집요한 신사참배 강요에 한이 맺힌 조선의 민중들은 해방이 되는 순간 가장 먼저 전국 도처에 있던 신사에 찾아가 불을 질러 없애버립

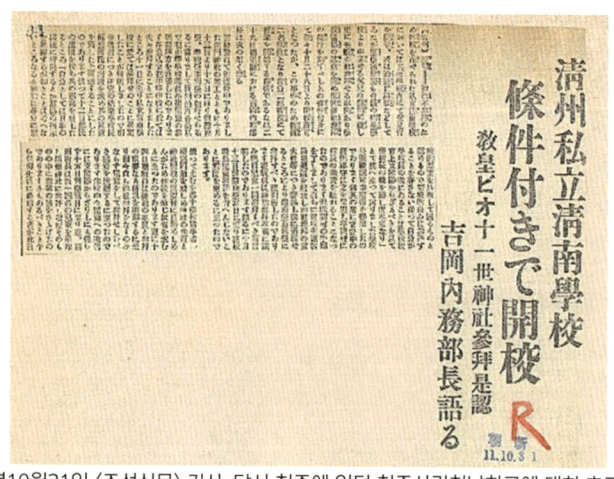

1936년10월31일 〈조선신문〉 기사. 당시 청주에 있던 청주사립청남학교에 대한 휴교조치를 신사참배를 조건으로 해제한다고 전했다.

괴산군 사리면 사무소내 조성된 연못에 남아있는 용 모양의 석물. 일제가 사리면에 세운 신사의 잔해물로 알려져 있다. 이 석물은 신사 참배객이 참배에 앞서 손과 입을 씻는데 사용했던 일명 '테미즈야(手水舍)'다.

니다. 괴산군 사리면에 있던 신사도 마찬가지입니다. 이곳 주민들도 마을에 있던 신사를 없애 버립니다.

현재 사리면의 신사는 불타고 없어졌지만 그 잔해는 남아있습니다. 괴산군 사리면 면사무소 안에는 작은 연못이 있습니다. 연못 한가운데에는 용 모양이 조각된 석물이 있는데 분수대로 사용되는 것입니다. 이 석물은 사리면 일제신사에서 참배객이 신사참배에 앞서 손과 입을 씻는데 사용했던 일명 '테미즈야(手水舍)'입니다.

이런 사실이 공개된 것은 2013년 통신사 〈뉴시스〉의 보노에 의해섭니다. 2013년 8월 13일 통신사 〈뉴시스〉는 '괴산 사리면사무소 분수대에 숨은 아픈 역사'라는 기사에서 "사리면 신사는 광복 후 격분한 주민이 헐어버렸고 그곳에는 많은 석물이 나뒹굴고 있었다. 1956년 봄에 당시 손근성 면장이 주민 100여 명을 동원해 신사 터에서 이 수반을 면사무소로 옮겨 연못을 파서 그 안에 놓았다"고 전했습니다.

재건청년회·재건부녀회와 박정희

괴산군 사리면 면사무소와 얼마 떨어지지 않은 곳에 하도리라는 마을이 있습니다. 마을 입구에는 '재건청년회', '하도농협협동조합', '하도'라고 새겨진 3개의 비석이 남아있습니다. 비석에는 '단합', '자립갱생'이란 단어부터 '협동정신 발휘하여 농촌부흥 이룩하자'란 구호 등 이런 저런 내용이 적혀 있습니다.

그런데 이 비석의 모양이 예사롭지 않습니다. 보통 우리가 보아왔던 비석의 모양과는 사뭇 다릅니다. 이 비석 또한 사리면에 있던 신사에서 가

괴산군 사리면 하도리 마을에 세워진 비석군. 사리면에 있던 일제 신사의 잔해물로 1961년 재건청년회 등 국민재건운동과 관련된 조형물로 재활용됐다.

져온 비석이라고 전해집니다. 하도농업협동조합 비석 뒷면에 '(단기) 4294년'이라는 글자가 있는 것으로 보아 1961년에 설립된 것으로 보입니다.

〈뉴시스〉는 2014년 8월 13일 '재활용한 일제잔흔 일본신사 석재'라는 제목의 기사에서 "1961년 당시 면장이 하도마을 입구 맞은편 언덕 신사터로 들어가는 길 양옆에 놓여 있던 석재를 옮겨다 글자를 새기고 세워놓았다"고 전했습니다. 1961년이라는 시기나 비석에 새겨진 '재건청년회', '재건부녀회'란 문구에서 보듯 이 비석은 박정희 정권의 '국가재건국민운동' 과정에서 세워진 비석으로 보입니다.

5·16 군사쿠데타를 통해 집권한 박정희는 1961년 6월 12일 '국가재건국민운동에 관한 법률'을 공포합니다. 그리고 각 시·군·구 지부에 여러 부서를 두고 각 마을 리 단위에 '재건위원회, 재건청년회, 재건부녀회'를 두게 합니다.

박정희 정권은 이 조직을 통해 반공이념을 선전하고 국민계도와 군사혁명의 정당성 홍보를 위한 강연 및 강좌를 진행합니다. 또 국민단합 운동, 학생봉사, 계몽활동, 허례의식 일소를 위한 표준의례준칙 제정, 국민저축, 의생활 개선, 상도덕 앙양 등 국민총동원 운동을 전개합니다. 일종의 정신계몽 운동인데요. 어디서 많이 본 듯한 모양새입니다. 일제강점기 일제가 황국신민화를 꾀하면서 정신개조 운동을 했던 모습과 비슷하죠. 일재 잔재인 신사의 잔재물은 이런 식으로 재활용돼 여전히 남아 있습니다.

조선총독부 **면장**과 대한민국 면장
위안부 강제 동원하고 공출업무 부역한 일제면장의 공덕비

2017년 8월 15일 〈시사인〉은 위안부 故 김복동 할머니와 나눈 인터뷰 내용을 보도합니다. 기자가 김복동 할머니에게 "처음에 어떻게 위안부로 끌려갔나?"라고 묻습니다. 김복동 할머니는 대답합니다.

"그때는 식민지 시대였으니 일본이 자기들 마음대로 했거든. 시골 각 군·면마다 군수공장에서 일할 처녀 몇 십 명씩 모집한다고 돌아다닌다는 소문이 파다했어."

다시 "누가 집으로 찾아와서 데려갔나?"라고 묻습니다. 김복동 할머니는 또 대답합니다.

"그때만 해도 군수니 면장이니, 뭐 사무 보는 직원들이니 전부 일본 앞잡이잖아. 일본한테 잘 보여야 자기들이 살아갈 수 있다고 해서 연필 거머쥔 사람들이 맘대로 명단을 작성했지. 자기네 일가친척은 다 빼고 나니 할당 인원수가 모자라는 거야. 그러니까 농부 딸들 중에 나이 어린 소녀까지 무조건 끌고 갔어. 나는 그때 열네 살이라 끌려갈 거라고 생각도 안 했어."

"(일본 패망으로 위안부 생활을 끝내고 집으로 돌아온) 그때가 언제인가?"라고 할머니께 묻습니다. 할머니는 대답합니다.

"나이도 몇 살 먹었는지 모르겠고 그냥 일본군 이동하는 데마다 끌려 다니다 보니까 얼마나 갔는지도 모르겠고. 집에 가니 나이가 스물두 살이라고 그러더라고."

열네 살 그 어린 나이에 끌려가 동남아시아 이곳 저곳으로 일본군에 끌려 다닌 시간이 자그마치 8년이란 세월이었습니다.

일제강점기 강제로 일본군 위안부로 끌려가 고초를 겪은 故 김복동 할머니.

조선총독부 면장 = 대한민국 면장?

일제강점기 시절 조선총독부의 행정체계는 1910년 개편 이후 1914년과 1930년 등 세 차례에 걸쳐 변경됩니다. 일제는 1910년 9월 30일 '조선총독부 지방관 관제'를 공포합니다. 이에 따라 1수부, 13도의 행정구역이 도/부·군/면 체계로 개편됩니다. 1930년에는 군과 면 사이에 읍이라는 행정단위를 추가합니다.

해방 후 대만민국 정부 수립 이후에도 도/군/읍·면이라는 기본체계는 변동이 되지 않습니다. 면의 행정구역이 일부 바뀌었지만 이 체제는 현재까지도 이어집니다. 도지사, 군수, 면장이라는 호칭도 현재끼지 그대로 이어오고 있습니다. 호칭이 같다고 조선총독부의 도지사나 군수, 면장이

충북 괴산군 관내에 일제강점기 시절 면장을 지낸 5명의 공덕비가 면사무소 내와 인근부지 등에 남아있는 것으로 확인됐다. 왼쪽부터 문광면장 송재욱, 문광면장 조한탁, 연풍면장 조병준의 공덕비.

대한민국의 도지사나 군수, 면장이 같을 수는 없지 않겠습니까?

고 김복동 할머니의 말씀처럼 조선총독부 면장은 행정기구의 말단이자 최 일선에서 위안부 강제 동권과 공출, 일 황군 지원병 모집 등 일제에 부역하는 업무를 기본으로 했습니다. 이들이 면장업무를 수행하면서 일부 선행을 했더라도 이런 업무를 강제 받고 수행한 것은 역사적 사실입니다. 사람에 따라 그 정도의 차이가 있겠지만 일제에 부역한 것은 분명 맞는 사실이지요.

조선총독부 면장의 공덕 안내판까지 설치

취재 과정 중 현재 괴산군 관내에 일제강점기 시절 5명의 면장 공덕비가 남아있는 사실을 확인했습니다.

괴산군 문광면사무소 내에는 일제강점기 시절 면장을 지낸 조한탁의 영세불망비와 송재욱의 기념비가 남아있습니다. 조한탁은 조선총독부

괴산군 사리면사무소 앞 잔디밭 비석군. 일제강점기 시절 사리면장을 지낸 2명의 공덕비가 보존되어 있다. 사진 왼쪽에서 첫 번째가 이혁노, 두 번째가 우현빈의 공덕비.

및 소속관서 직원록에 1930~1932년에 문광면장을 지낸 것으로 기록돼 있습니다. 문광면 관계자는 그의 후손으로부터 그의 공적에 관한 내용을 확인했다며 올해 그의 선정비 옆에 공적을 알리는 안내판을 설치할 계획이라고 말했습니다.

송재욱은 조선총독부 및 소속관서 직원록에 1939년과 1940년 문광면장을 지낸 것으로 돼 있습니다. 송재욱은 저희 〈충북인뉴스〉가 2019년 2월 15일 '괴산문광면장 송재욱은 미원면 3·1운동 참가자 총 쏴 죽인 헌병보조원'이란 제목의 기사에서 이미 밝혔듯이 1919년 3월 30일 미원장터에서 진행된 만세운동 참가자들에게 발포해 2명의 동포를 사살한 악질 친일인사입니다.

충북 괴산군 연풍면 향교 인근에는 조병준의 '애민선정비'가 있습니다. 조병준은 조선총독부 및 소속관서 직원복에 1914년 괴산군 연풍 면장, 1935년 의원면 면장을 지낸 것으로 기록돼 있습니다. 또 조선총독부 시정 25주년 기념 표창자 명감에도 올라 있습니다.

 괴산군 사리면 사리면사무소 앞 잔디광장에도 여러 개의 공덕비가 모여 있습니다. 이곳에는 1920년부터 1924년 사리 면장을 지낸 우현빈(禹顯斌), 1936년부터 1941년까지 사리 면장을 지낸 이혁노(李赫魯)의 공덕비가 지금까지 보전돼 있습니다.

 이 외에도 일제강점기 시절 이장과 구장을 지낸 사람들의 공덕비도 부지기수입니다. 면장의 경우도 제가 파악한 것이 다섯 개일 뿐이고, 실제는 더 많을 수도 있습니다.

 일부 공무원들은 일제강점기 시절의 면장을 '초대 면장'으로 이야기하기도 했습니다. 어떻게 일제강점기 시절의 면장이 대한민국 정부의 초대 면장으로 불리는지 이해할 수 없습니다. 대한민국 정부가 일제강점기 조선총독부의 혈통을 이은 것이 아니라면 도저히 나올 수 없는 표현이기 때문입니다.

제3부

단양 지역의 친일 잔재

그 놀라운 **생명력**에 소름이 돋는다
땅속에 묻혀 있다 다시 세워진 일왕등극 기념비석

일제의 잔재라면 있던 것도 치워야 할 상황이지만 땅에 묻혀 있던 것이 다시 햇빛을 보는 경우도 있습니다. 그 중 하나가 충북 단양군 영춘면 만종리에 있는 '어등극기념림비(御登極記念林碑)'입니다.

이 비석은 조선총독부가 1912년 일왕(日王) 요시히토(嘉仁·다이쇼)가 즉위하면서 기념사업의 일환으로 추진한 조림사업을 홍보하기 위한 것인데요. 100여 년 전 친일파 등이 경쟁적으로 조림사업을 하고 이를 기념했던 당시의 실상을 짐작하게 하는 상징적인 비석입니다.

비석의 존재는 2016년 2월 28일 〈뉴시스〉통신사의 보도에 의해 세상에 알려지게 됩니다. 기념림비는 높이 80㎝, 폭 25㎝, 두께 10㎝ 크기이며 1915년 11월 10일 애초 면사무소에 건립됐던 것으로 추정됩니다. 비석 좌우 옆면에는 '大正四年十一月十日'(대정 4년 11월 10일)과 '車衣谷面'(차의곡면)이란 글자가 음각돼 있습니다.

'대정(大正)'은 요시히토 일왕 재임 시절 사용된 일본 연호로 대정 4년은 1915년에 해당합니다. '차의곡면'은 조선총독부가 행정구역을 개편하면서 현재의 '영춘면'으로 바뀌기 전의 지명입니다. 비석이 존재하는 만종리는 당시 차의곡면 소재지였습니다.

당초 면사무소 마당에 세웠으나 광복 후 반일 감정이 격화되자 사라졌

충북 단양군 영춘면 만종리에 서 있는 기념림비(동그라미 안). 1915년 일왕 즉위를 기념하여 조림사업을 했다는 내용이며, 땅속에 묻혀 있다가 발견돼 1997년 다시 세워졌다.

고 나중에 효동마을 길가에서 발견됐다는 것입니다.

이후 방치되다가 1997년 3월 마을에서 '만종리 마을 자랑비'를 건립할 때 이장 기념비와 함께 그 옆에 세워졌다고 합니다.

비석 내용이 무엇인지 모르고 다시 세워

이 마을에 거주하는 김종수 할아버지는 2016년 〈뉴시스〉와의 인터뷰에서 "당시 사람들이 다니던 길가에 묻혀 있던 비석을 발견해 함께 파내서 보관했다가 마을 자랑비를 건립할 때 옆에 세웠다"고 밝혔습니다. 그러면서 "발견 당시 비석이 어떤 내용인지는 몰랐고 흙이 산뜩 묻어 있었다"고 회고했습니다.

이 기념림비는 요시히토 일왕 즉위에 맞춰 조성한 임야를 기념해 세운 비석입니다. 요시히토 일왕은 1912년에 즉위했는데요. 이때부터 일왕 즉위를 기념하는 여러 행사가 열렸고 그중 하나가 기념림(記念林) 조성사업이었습니다. 당시 충북에는 이런 기념림이 140여 곳, 140여 정보에 이르렀다고 하는데요. 수종은 리기다소나무가 주종이었고 아카시아 나무도 많이 심었습니다. 《단양군 군세 일반》(1930년)에는 일왕 즉위를 기념한 어대례(御大禮) 기념림으로 9곳 20정보에 붉은 소나무 9000그루와 밤나무 8000그루를 단양지역에 심었다는 기록이 나옵니다.

일왕 아들 출생도 대대적으로 기념해

요시히토 일왕은 1912년부터 1926년까지 재위했습니다. 조선총독부는 일본 천황의 온정적인 지배를 과시하기 위하여 각종 기념일에 전국 각지에서 대대적인 기념행사를 개최하도록 합니다.

1934년 3월 황태자 탄생을 기념하여 각 도에서 봉축식, 봉축연, 기행렬, 제등행렬, 가장행렬, 강연회, 연예대회 등의 축하행사가 열립니다. 기념사업으로는 기념식수, 기념저축, 기념문고, 국기게양대 설치, 기념림 설치, 기념관 설치 등이 행해진 것으로 조선총독부 자료에 기록돼 있습니다.

충북 음성군 음성읍 설성공원에는 일왕 황태자 출생을 기념하기 위해 세워진 인풍정이란 정자와 '황태자전하탄신기념비'가 아직도 남아 있습니다. 이른바 '황태자전하어강탄(皇太子殿下御降誕) 기념사업'입니다. 조선총독부 자료에는 1935년 3월까지 기념사업은 모두 2711건에 경비는 79만 6129엔이 지출된 것으로 나타납니다. 36년간 우리 민족을 수탈한 재원으로 일본 왕실 기념사업을 지속적으로 벌인 셈입니다.

이런 사실은 일제강점기 시절 언론의 보도에서도 알 수 있습니다. 1934

1934년 1월 3일 〈부산일보〉 보도 기사. 어강탄(御降誕) 기념사업으로 기념탑과 회관 건설 등이 포함된 사업계획을 심의하고 있다고 돼있다.

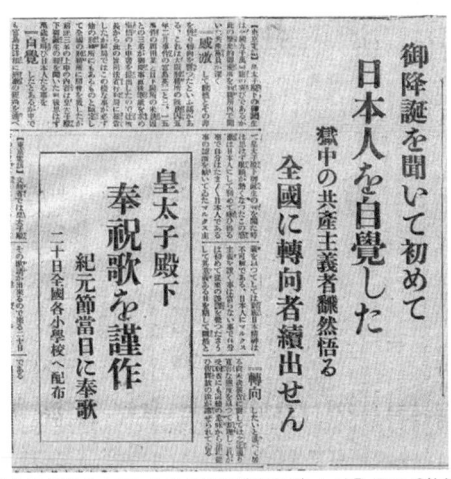

1934년 1월 14일 〈부산일보〉 보도 기사. 어강탄(御降誕) 소식을 듣고 일본인임을 깨달았다는 낯뜨거운 내용이 들어 있다.

년 1월 13일 〈부산일보〉는 어강탄[御降誕] 기념사업으로 기념탑과 회관 건설등이 포함된 사업계획을 심의하고 있다고 보도합니다. 다음날 〈부산일보〉는 "어강탄(御降誕)을 듣고 비로소 일본인임을 자각했다"는 낯뜨거운 기사도 내보냅니다. 참고로 〈부산일보〉는 일본어로 제작된 신문입니다.

　비석의 존재가 〈뉴시스〉의 단독보도로 알려진 지 3년이 지난 현재도 변한 것은 아무것도 없었습니다. 콘크리트 기단 위에 마을자랑비와 나란히 서 있습니다. 한 마을 주민은 "이런 비석이 있는지 잘 모른다"고 말했습니다. 안내판이라도 세워져 있다면 비석의 내용이라도 알게 될 텐데요. 오늘도 무관심 속에 비석은 오늘도 햇빛을 받으며 도도하게 서 있습니다.

사인암에 새겨진 친일파의 이름
반민족행위자 이경식, '하늘이 내린 그림'에 '먹칠'

충북 단양군은 연간 1000만 명이 넘는 관광객이 찾는 고장입니다. 굽이굽이 산줄기를 휘감아 흘러가는 남한강 장회나루에서 바라보는 구담봉과 가을 단풍, 소백산의 철쭉 등 하늘이 내려준 아름다움을 어찌 다 말로 표현할 수 있겠습니까? 단양의 아름다움은 단양팔경으로 압축됩니다. 요즘은 단양읍내에 있는 재래시장을 더해 '단양구경'이라고 부릅니다.

단양팔경 중 하나인 사인암은 단양군 대강면에 자리잡고 있습니다. 해금강을 연상케 하는 깎아지른 석벽은 보는 방향에 따라 부처님의 형상을 띠기도 합니다.

사인암의 아름다움은 '하늘이 내린 그림'에 비유될 만큼 정평이 났습니다. 추사 김정희는 "속된 정과 평범한 느낌이라고는 터럭만큼도 없다"며 하늘이 내린 그림이라고 감탄했습니다. '하늘이 내린 그림' 소리를 듣는 만큼 당대 화가들의 발걸음을 붙잡았습니다. '세상에서 가장 뛰어난 보물'이라는 뜻의 김홍도의 화첩 《단원절세보(檀園折世寶)》에는 그가 그린 사인암도(舍人岩圖)가 들어 있습니다.

구름꽃 같은 바위에 이름 새긴 친일파 이경식

충북 단양군 대강면 사인암리에 소재한 사인암 전경. 단양팔경 중 하나로 이름난 명승이다.

有暖芬盡有色英　따스한 향기는 극에 달하고 색 또한 영롱한데
雲華之石慎莫鐫名　구름꽃 같은 바위에 함부로 이름을 새기지 마라

조선 후기 능호관(凌壺觀) 이인상(李麟祥)이 사인암 운화대(雲華臺)에 새긴 글입니다. 이인상 자신도 각자를 남겨놓으면서 "함부로 이름을 새기지 마라"고 했으니 앞뒤가 맞지 않는다는 비판을 받을 수도 있습니다. 이인상의 일침에도 불구하고 사인암에는 수많은 사람들의 이름과 글이 남겨져 있습니다. 이 외에도 바둑판과 장기판까지 새겨 있기도 합니다.

사인암에 새겨진 거물 친일파 이경식의 각자. '군수(郡守) 이경식(李敬植) 大正(대정) 4년(四年) 11월(十一月)'이라고 새겼다. 동그라미 안이 이경식.

단양군청이 조사한 바에 따르면 사인암에는 200여 개의 각자가 남아 있습니다. 이중 정말로 이곳에 이름이 남아있지 말아야 할 것이 있으니 바로 일제강점기 중추원 참의까지 지낸 반민족행위자 이경식(李敬植, 1983~1945)의 이름입니다.

'군수(郡守) 이경식(李敬植) 大正(대정) 4년(四年) 11월(十一月)'

대정 4년은 1915년에 해당합니다. 이경식이 단양 군수로 있던 11월 이곳 사인암을 찾아 자신의 이름을 남긴 것입니다.

중추원 참의까지 오른 거물 친일파 이경식

국사편찬위원회 한국사데이터베이스에 따르면 이경식은 1883년 충북 보은군 삼승면에서 태어난 것으로 되어 있습니다. 반면 그의 원적은 충북 제천군 수산면으로 돼 있습니다.

이경식은 대한제국의 탁지부(度支部) 주사(主事)가 되고 이듬해 서기로 진급합니다. 1910년 일본이 대한제국을 강제합병하면서 승승장구 출세가도를 달립니다. 급기야 1913년 조선총독부의 단양군수로 임명됐고 1915년 12월에 괴산군수가 됩니다. 이후 충주군수와 진천, 옥천군수를 연이어 지냅니다. 1930년 6월에는 일제강점기 조선인이 오를 수 있는 최고 자리인 조선총독부 중추원 참의에 선임됩니다.

중추원 참의에 오른 거물 친일파인 만큼 이경식은 2009년 대통령 직속 친일반민족행위진상규명위원회가 발표한 친일반민족행위 705인 명단에 포함돼 있습니다. 위원회가 이경식을 친일반민족행위자로 선정한 이유는 이렇습니다.

이경식은 1930년부터 1945년까지 15년 2개월 동안 중추원 참의를 지냈고 군수로서 15년을 재직하며 일제로부터 훈6등, 훈5등의 서보장을 받았습니다. 일본 제국주의의 식민통치에 협력하여 포상과 훈공을 받은 것입니다. 이경식은 징병제 실시를 찬양하는 시문을 지어 조선인 청년지원병 지원을 선동하기도 했습니다. 일제는 성균관을 경학원으로 재편했는데 이경식은 사성(현 대학총장)으로 있으면서 '황도유학'을 주장하고 시국강연을 했습니다. 경학원의 최고 지위는 대제학이지만 실질적으로 운영하는 간부가 바로 '사성'입니다.

'황도유학'은 일본국왕이 정점에 있는 신도(神道)와 육교가 결합돼 충효일치의 일본화된 유교입니다. 또 일본의 침략전쟁을 뒷받침하는 이데올로기로 작동해 조선의 유림에게 자발적으로 인적·물적 자원을 바치라고 요구합니다.

경학원에 참여한 인물들은 일왕과 태자를 칭송하는 시문을 바칩니다. 이경식은 조선의 청년들이 일본 제국주의 전쟁터의 총알받이로 나가는 징병제를 축하하는 한시(漢詩)까지 발표합니다. 이것도 모자라 그의 부인을 '애국금차회'라는 친일여성단체에 참가시킵니다.

이경식이 1948년까지 살았다면 '반민특위'의 조사를 받았을 것입니다. 하지만 이경식은 1945년 사망했기에 어떠한 단죄도 받지 않았습니다.

다만 2008년 '친일반민족행위자 재산의 국가귀속에 관한 특별법(이하 특별법)'에 의해 후손에게 물려준 보은군 소재 2만 688㎡의 토지가 국가에 귀속됐습니다.

형은 친일파, 동생은 사기꾼, 그리고 육종관

이경식과 관련해 흥미로운 일화가 있습니다. 그의 동생이 사기를 쳤는데 육영수의 부친 육종관과도 연관이 된 사건입니다. 이 사건은 1915년 5월 30일 발행된 〈매일신보〉 '군수의 동생은 감옥에'라는 기사에 소개됐습니다. 내용은 이렇습니다.

충북 보은군에 사는 이상곤이라는 사람이 이경식의 동생 이동식과 함께 금융조합에서 돈을 빌립니다. 나중에 이상곤은 이동식에게 자신이 금융조합에 갚아야 할 돈을 건넵니다. 돈을 받은 이동식은 금융조합에 갚지 않고 자신이 써버립니다. 한마디로 횡령을 한 것이지요. 그러자 금융조합에서는 이상곤을 포함한 채무자에게 지불명령을 내립니다. 이상곤은 이경식과 이동식의 모신을 찾아가 돈을 달라고 힙니다. 이경식의 모친 신현은 가진 것은 이경식의 이름으로 돼 있는 땅문서밖에 없다고 합니다. 여기서 이경식과 이동식의 일가인 이준식이라는 사람이 등장합니다. 이준식은 이경식의 땅과 관련해 문권을 위조해 육종관(陸鐘寬)에게 돈 200원을 빌려 씁니다. 여기서 육종관은 육영수의 아버지입니다. 매일신보는 이런 사실이 나중에 들통났고 이경식의 동생 이동식과 이준식 모두 징역형을 받았다고 소개합니다. 〈매일신보〉에 따르면 당시 이경식은 문권 위조 사실을 전혀 몰랐다고 부인한 것으로 전해집니다.

제4부

보은·영동 지역의 친일 잔재

"친일 군수의 현판 잃어" 기막힌 반성
영동 읍청루에 부활한 친일 경찰 최지환의 기문(記文)

충북 영동군 영동읍 매천리 산 4-4번지 용두봉 능선에 가면 읍청루(挹淸樓)란 정자가 있습니다. 영동군 향토유적 제27호로 지정돼 있지만 콘크리트로 지어진 데다 주변 수목이 거칠게 자라 운치는 없습니다.

읍청루로 가기 위해선 설치된 등산 계단로를 따라 200m쯤 올라가야 합니다. 계단 초입에는 충혼탑이 서 있습니다. 제가 이곳을 찾았을 때는 설 연휴가 막 시작된 때여서 응달에는 내린 눈이 녹지 않고 그대로 얼어 있었습니다. 찾는 사람도 없는데다 눈까지 그대로 있어 을씨년스럽습니다. 긴 거리는 아니지만 계단 경사가 급해 읍청루에 도착하니 약간 숨이 찹니다. 그렇게 해서 도착한 읍청루. 보자 할 것이 별로 없습니다. 계단과 2층바닥, 기둥 등 구조물들이 콘크리트 구조로 돼 있습니다. 주변은 모 문중 소유의 토지 경계를 구분하는 철책으로 둘러싸여 있습니다. 주변에 아무렇게 막 자란 나무 때문에 시야도 넓지 않습니다. 1971년에 다시 세워졌다는 이 콘크리트 구조물이 굳이 향토유적이 돼야 하는 이유가 의문스러울 정도입니다.

친일 군수가 음주가무를 위해 만든 정자

읍청루를 설명하려면 최지환(1882~1983)과 손재하란 사람으로부터

1925년 일제강점기 조선총독부가 임명한 최지환 당시 영동군수가 건립한 읍청루. 최지환은 악질 친일경찰로 시작해 중추원 참의까지 오른 대표적인 친일파다. 읍청루에는 최지환이 작성환 기문을 보전하는 등 그의 행적을 추모하는 글이 아직도 남아 있다. 건물로 보나 내력으로 보나 향토유적의 가치가 있는지 의문이 든다.

출발해야 합니다. 최지환의 일본식 이름은 후지야마 다카모리(富士山隆盛) 입니다. 일본의 상징인 후지산(富士山)과 정한론을 제기했던 인본의 정치인 사이고(西鄕) 다카모리(隆盛) 중 다카모리를 따와 합친 이름입니다. 이름만 보더라도 얼마나 뼛속까지 친일인사인지 느낌이 올 겁니다.

경남 진주에서 태어나 일제 순사로 출발해 영동 군수, 충주 군수, 중추원 참의까지 승승장구한 입지전적의 인물입니다. 그의 친일 행적은 나중에 자세히 설명하겠습니다.

손재하(1888~1952)는 충북 영동 출신으로 당시 손꼽히는 갑부였습니다. 최지환과 마찬가지로 중추원 참의까지 지냈고 일제에 비행기 대금으로 국방헌금을 납부한 사실이 확인된 인물입니다. 충북을 대표하는 친일 인사 중 한 명으로 반민특위(반민족행위자특별조사위원회)에 체포돼 조사를 받기도 했습니다.

영동군은 홈페이지를 통해 읍청루에 대해 '영동군 향토유적 제27호'라고 소개합니다. '구 황간현의 아문루(衙門樓)인 황악루(黃嶽樓)가 퇴락하여 1925년에 영동군수 최지환(崔志煥)이 당시의 지방유지와 협의하여 군(郡) 소재지인 영동읍 매천리로 이전, 신축하고 읍청루라 편액하였다.'라고 설명합니다.

이 설명을 풀어 쓰면 이렇게 됩니다.

'1925년 일제강점기 조선총독부가 임명한 영동 군수 최지환이 황간현(현 황간면)에 있던 황악루를 해체하고 영동읍 매천리로 가져와 새로 지은 뒤 읍청루란 이름을 지어 현판 글씨를 내려줬다.' 이어 영동군은 '이는 매천의 맑은 기운을 따서 이름한 것이라 하며, 이때 비용은 이당 손재하(二堂 孫在夏) 선생이 100원을 희사하여 이루어졌다.'고 덧붙입니다.

영동군에 따르면 친일파 최지환이 지었던 읍청루는 다시 옮겨집니다. 영동군은 "1971년 임혁재(任赫宰) 군수가 다시 매천리 용두산 중간봉으로 이전하였으며, 6·25 때 없어진 현판은 1971년 효연 이철순 씨가 다시 썼다"고 설명합니다.

친일파의 편액현판이 사라진 것을 부끄러워하다

읍청루에는 〈읍청루 연혁기(沿革記)〉와 〈최지환 군수 기문(記文)〉이 나란히 걸려 있습니다. 1981년에 다시 작성된 최지환 군수의 기문에는 이렇게 적혀 있습니다.

> 드디어 읍청(挹淸)을 취하여 현판을 걸으니 그것은 매천(梅川)을 빙둘러 비치는 그림자가 맑게 드리웠다는 뜻이다. 매양 경축일이나 경사스러운 날, 관청에 일이 없고 관리들이 한가할 때 이에 술을 준비하게 하고

읍청루에 걸려있는 연혁기(위). 읍청루의 건축과정과 이전과정등이 소상히 담겨 있다. 아래는 친일인사 최지환의 기문. 1981년 새로 쓰여졌다.

손님을 청하여 표주박으로 따른다. 하늘에서 바람이 불어오고 흰 구름 노을에 앉아 술을 따르면 잔은 가벼이 나르는 듯 오고간다. 어떤 이는 우아한 노래를 부르고 어떤 이는 소리 높여 시를 읊을 때……

이 기문(記文)은 1925년 최지환이 읍청루를 지으면서 기록문으로 남긴 글을 그대로 옮겨 적은 것입니다. 최지환이 직접 작성한 기문에는 이런 대목도 있습니다.

빈객(賓客) 접대는 또한 정치의 한 가지 일이다, 이에 황간에 있는 군루는 황간 현감이 아침저녁으로 거닐었고, 또한 빈객을 접대했던 곳이나. 황간은 영동군청과 지못 멀어서 어느 여가에 쉴 수 있겠는가? 청하건대 새로운 곳으로 옮겨 풍류로서 이목을 높이는 것도 태수의 아름나운 일이다'라고 하였다.

그런데 1981년 10월에 쓰인 것으로 돼 있는 〈읍청루 연혁기〉에는 친일파 최지환이 쓴 현판 글씨가 없어져 매우 부끄러웠다고 기록합니다.

> 현 위치로 옮길 적에 누구의 소치인지 읍청루라는 대자현판(大字懸板)을 비롯하여 정내(亭內)에 있었던 최지환 군수 기문과 당시 명필로 이름 높았던 용강(龍岡) 김웅연 선생의 시운을… 판각하여 걸었으나 그 행방을 감추어 찾을 길이 없어 십년이라는 성상을 무명루로 내려 왔으니 어찌 주민으로서 면괴스럽지 않으리요.

이렇게 적었습니다. 그러면서 '누정(樓亭)에 현판이 없어 지방의 수치심을 금치 못하던 중 영동 군수 우용제 씨, 영동읍장 배정혁(裵貞赫) 씨와 동원(東園) 임한영(林漢榮) 씨의 쾌찬(快贊)으로 재제(再製)하여 현판(懸板)하니 그 뜻을 찬양하며 감사함을 금치 못하는 바이다.'라고 적었습니다. 친일파가 만든 정자의 현판을 잃어버렸다고 지방주민으로서 면괴스럽고 수치심을 느꼈다고 한 것이죠.

그러면서 이들은 다행이라고 가슴을 토닥거립니다. 이들은 연혁비에서 '다행히 최지환 군수 기문은 전해져 있으므로 아래에 기하여 후세에 전하고자 한다'고 적었습니다. 여기서 '기문'이란 '정자를 지을 때 최지환 당시 영동군수가 읍청루를 짓게 된 배경을 기록한 글을 지칭합니다. 친일파 최지환의 현판을 잃어버려서 수치스러웠지만 다행히도 기문은 전해져 내려와 다시 써 후세에 전한다는 것입니다.

기생을 매수해 출세하더니 기생권번 주식회사 설립

1949년 3월 25일 〈부산신보〉에 최지환이 반민특위에 검거돼 반민특위 경상남도 조사위원회로 압송되고 있다는 보도가 나옵니다. 보도문은 이렇습니다.

반민특위 본도 조사부 심륜 조사관은 기보(이미 보도)한 바와 같이 본도(경상남도) 내 고성, 삼천포, 진주 등 경유하여 지난 20일 일제 시 악질 고등형사로 현 국회부의장 김약수 씨를 취조한 도헌과 진주에서 과거 한일합방시 진영대 대장 경 중위를 기생으로서 매수하여 무기고의 열쇠를 훔쳐서 이를 일본인에게 바쳐 의분에 넘친 이 나라 민족이 봉기하려는 것

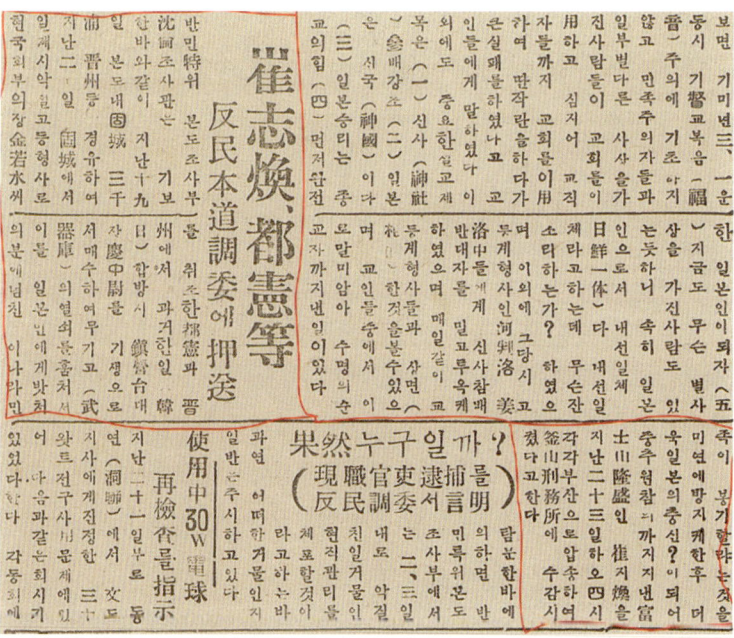

친일파 최지환이 반민특위에 체포됐다는 소식을 전하는 1949년 3월 25일자 〈부산신부〉 기사 (국립중앙박물관 홈페이지 캡처).

을 미연에 방지케 한 후 더욱 일본의 충신이 되어 중추원 참의까지 지낸 부사전융성(후지야마 다카모리 : 富士山隆盛)인 최지환을 지난 23일 하오 4시 각각 부산으로 압송하여 부산 형무소에 수감시켰다고 한다.(〈부산신보〉, 1949. 3. 25.)

이 기사를 통해 최지환이 반민특위에 체포된 주요 범죄사유가 대략 드러납니다. 우선 일제 시 악질 고등형사였다는 점. 한일합방당시 진영대 대장 경 중위를 기생으로서 매수해 무기고의 열쇠를 훔쳐 이를 일본인에게 바쳤다는 점. 이후 일본의 충신이 되어 중추원 참의까지 올랐다는 점입니다.

최지환

국사편찬위원회와 국립중앙박물관이 보유해 공개하고 있는 자료에 따르면 최지환은 1882년 경남 진주에서 태어납니다. 1906년 일제통감부 진구경무서 순검이 됩니다.

최지환의 '진영대 기생 매수 사건'은 이후에 벌어집니다. 1907년 통감부는 대한제국 군대에 대한 해산령을 발표합니다. 1907년 8월 최지환은 진주경무서 권임(權任·순사부장)으로 근무하면서 진주에 주둔 중인 대한제국군의 진위대(일명 진영대)를 해산시킵니다. 당시 진주 진위대가 군대를 해산하라는 군부대신의 명령을 듣지 않자 관찰사는 최지환에게 군대해산의 임무를 맡깁니다. 그때 최지환이 〈부산신보〉에 보도된 대로 진영대 대장 경 중위를 기생으로 매수해 무기고의 열쇠를 빼돌리는 농간을 부려 대한제국 군대 해산에 앞장섰다는 겁니다.

이 사건으로 최지환에겐 출세의 길이 환하게 열립니다. 1917년 7월에는 조선이 경찰관이 오를 수 있는 최고 직급인 경시로 오릅니다. 1919년 최지환이 일개 순사로 시작해 평안북도 참여관으로 승진했다는 내용을 보도한 〈부산일보〉 1932년 10월 2일자 기사. 아래는 번역문.

일개 순사에서 몸을 일으켜 평북참여관의 영좌에!
성공도 하고 명성도 얻은 최지환 충주군수

전북지사 홍승균 씨의 퇴직과 함께 평북참여관 고원훈 씨가 눈부시고 훌륭한 지사의 자리를 물러나 그 후임으로 충북충주군수 최지환 씨가 발탁되어 평북참여관으로 영진하였다(영전하였다).

참여관은 명치 39년 8월초 한국도 순사로 임명되어 경남진주경찰서에 들어갔다. 동(명치) 41년 5월에는 금줄에 넛별, 경부에 승진하였다.

민완가였던(민완형사였던) 대정 6년 7월, 게이시(경시, 또는 계시 일본 경찰계급)에 임명되어 동 9년 8월 충청북도 경찰부 위생과장으로 본도에 들어온 뒤, 보안과장으로 옮겼지만 곧 대정 10년 9월 현직인 군관리에 임명되어 음성, 영동에 6년 4개월간 재임하고 소화 3년 1월 충주군수로 오늘에 이르렀다.

재임 4년 9개월간 충주에 남긴 공적은 허다하지만 그 가운데 학교 신축 6개소, 군청 관사 신축, 충주공립농업학교 신설, 충북선 충주 연결, 김화선 충주, 영덕선 2등도로 보수 등은 특필(특별히 써둠)할 만한 것으로 그밖에 민풍개선, 산업의 진전 등 너무 많아서 일일이 셀 수 없는 공적을 쌓은 이른바 공도 이루고 명성도 얻어 충주를 떠나는 일이 성취되었다.

평안남도 경찰부에서 경시로 근무하면서 3·1 운동을 진압한 대가로 충북경찰로 보안과장으로 승진합니다. 이후에 음성 군수, 영동 군수, 충주 군수를 거쳐 평안남도 참여관, 중추원 참의 등을 지내게 됩니다.

    기생을 매수해 본격적인 친일관료의 물꼬를 튼 최지환의 친일의 말로도 또 기생과 연결됩니다. 〈매일신보〉 등 일제강점기 시절 보도에 따르면 최지환은 1939년 11월 '진주 예기권번'이라는 주식회사를 창립하고 대표를 맡았습니다. 본래 진주는 기생으로 유명한 도시였는데, 최지환은 기생조합을 부활시키고 권번 경영 허가를 받아 예기권번주식회사라는 기업을 운영했다고 알려져 있습니다.

조선 현감 송덕비를 군수 관사 **주춧돌**로

보은군, 훼손된 송덕비 방치…친일파 군수 송덕비는 '우뚝'

왼쪽의 훼손된 비석은 우리 문화를 말살시키고자 관내의 여러 현감 송덕비를 일제군수관사 주춧돌로 사용하였던 것을 이곳에 모아놓은 것입니다. (보은군 현감(군수) 송덕비 이전기 중에서)

충청북도 보은군 보은읍 동헌 앞에는 조선시대 현감과 군수를 지낸 송

일제기 의병운동을 탄압하기 위해 헌병대 건물로 사용하다 나중에 조선총독부 경찰서 건물로 사용한 옛 보은 동헌. 보은군이 1983년 현재의 모습으로 복원했다.

충북 보은군 보은읍 보은동헌 앞에 보전돼 있는 조선시대 현감과 군수의 공덕비.

일제강점기시절 일제가 조선총독부의 관사 주춧돌로 사용해 훼손된 조선시대 현감과 군수의 송덕비. 일제에 의해 훼손된 채로 여전히 방치돼 있다.

덕비가 모여 있습니다. 1994년 편찬된 《보은군지》의 비갈, 비문 편에는 1988년 산재돼 있는 현감 4명, 군수 1명, 선정훈 송덕비를 보은 동헌 경내로 이전 건립했다고 적혀 있습니다. 송덕비가 자리한 곳에는 철제 울타리가 쳐져 있고 '현감(군수) 송덕비 이전기'가 적혀 있는 안내판이 있습니다. 철제 울타리에서 몇 미터 떨어진 주택 담장 아래에는 송덕비로 추정되는 비석이 쓰러진 채 방치돼 있습니다. 도대체 방치돼 있는 저 비석은 무얼까요? '현감(군수) 송덕비 이전기'에 따르면 일제강점기 조선총독부 군수 관사의 주춧돌로 사용해 훼손된 조선시대 현감과 군수의 송덕비입니다.

일제가 왜 이런 짓을 했을까요? 보은군은 '우리 문화를 말살시키고자 주춧돌로 사용'한 것이라고 설명합니다.

송덕비 앞에 자리한 옛 보은 동헌 건물도 일제에게 수난을 겪었습니다. 보은군에 따르면 보은 동헌은 처음 지은 시기는 알 수 없으나 철종 11년(1860년) 고쳐서 다시 지은 것입니다. 일제는 보은군의 역사가 담긴 이 건물을 헌병대 건물로 사용하다 나중에는 경찰서로 사용합니다. 1907년 항일 의병운동이 전개되자 이를 진압하기 위해 일본의 헌병대가 사용합니다. 그 뒤에는 조선총독부 경찰서로 사용되며 그 구조를 변형합니다. 현재의 모습은 1983년 보은군이 복원한 것입니다.

그대로 보전된 친일파 군수 선정비

일제가 훼손한 조선시대의 현감과 군수의 송덕비는 앞서 말한 것처럼 지금도 바닥에 쓰러진 채 그대로 방치돼 있습니다. 반면 조선총독부의 군수를 지낸 선정비는 햇빛을 보며 제자리를 지켜 대조를 이룹니다.

국도 19호선이 지나는 보은군 보은읍 금굴1리에는 1931년부터 1936년까지 보은 군수를 지낸 최재익의 선정비가 지금도 잘 보전돼 있습니다.

비문의 내용은 조선총독부 보은군수 최재익이 선정을 베풀었다는 내용입니다.

최재익은 조선총독부 보은 군수로 부임하기 이전인 1930년 단양 군수를 지냈고 1936년에는 충북 제천 군수를 지냈습니다. 이런 전력 때문에 친일반민족진상규명위원회 보고서에 최재익은 친일관료 명단에 올라있습니다. 하지만 최재익의 선정비에 대해 이런 사실을 알려주는 안내판은 전혀 없습니다. 그러다보니 보은군의 한 지역신문은 선정을 베푼 보은군수의 비석이 망초더미에 방치돼 있다며 보은군이 관리를 잘 해야 한다고 지적하는 상황도 발생했습니다.

일제강점기 보은·제천·단양 군수를 지낸 친일파 최재익의 선정비. 보은읍 금굴1리에 보존돼 있다.

조선시대 현감의 공덕비를 일제 군수의 관사 주춧돌로 사용해 모욕을 준 일제국주의. 여전히 버젓이 서있는 일제강점기 조선총독부 군수의 선정비. 참으로 어처구니 없는 상황입니다.

제5부

옥천 지역의 친일 잔재

정지용 시인 생가터 **돌다리**의 비밀
'우리는 황국신민이며 충성으로써 군국에 보답" 황국신민서사비

① 나는 대일본제국의 신민이다. ② 나는 마음을 합해 천황폐하께 충의를 다한다. ③ 나는 인고 단련하여 훌륭하고 강한 국민이 된다. [황국신민서사(皇國臣民誓詞) 아동용]

① 우리는 황국신민이며 충성으로써 군국에 보답하자. ② 우리 황국신민은 서로 신애협력하여 단결을 굳게 하자. ③ 우리 황국신민은 인고단련의 힘을 키워서 황도를 선양하자. [황국신민서사(皇國臣民誓詞) 일반용]

중일전쟁이 한참이던 1937년 조선총독부 학무국은 '황국신민서사'라는 괴이한 맹세문을 만듭니다. 맹세문은 한마디로 한국인을 일본인으로 개조하려는 음흉한 내용을 담고 있습니다.

황국신민서사는 조선의 민중들에겐 고통이었습니다. 학교와 관공서, 은행을 비롯한 회사와 공장에서 조회를 하면서 맹세문을 낭송해야 했습니다. 조회뿐만 아니라 각종 집회 등 행사 때마다 외워서 낭송을 해야 했으니 조선인으로서 얼마나 굴욕입니까.

지금 우리가 사용하는 국민이란 말도 '황국신민'에서 비롯됐다고 하는

설도 있는데, 줄이면 '일 황제의 충성스런 신하'라는 의미입니다.

이런 기이한 맹세문을 만든 사람은 일본인이 아닌 조선사람 김대우(1900~1976)입니다. 김대우는 일제강점기 시절 전라북도와 경상북도 지사를 지낸 인물입니다. 해방 이후 미군정 하에서도 경북 지사를 지냈고 미군정 시절 공금을 횡령한 사실이 드러나 1946년에는 도피생활을 한 것으로 알려졌습니다.

1919년 3·1 운동 당시에 파고다 공원에서 학생들이 주최한 독립선언식에 참여해 시위를 벌였고 그 때문에 옥살이도 했던 인물이지만 곧바로 일제와 타협해 적극적인 친일관료로 변신합니다.

친일관료로 변신해 승승장구하던 김대우는 1936년 요직이라 할 수 있는 총독부 학무국 사회교육과장의 지위에 오릅니다. 그리고 1937년 10월경 '황국신민의 서사'를 제정하는 계획을 입안합니다.

일제에 부역하고 공금을 횡령한 파렴치범인데도 1948년 뻔뻔하게도 제헌국회의원 선거에 출마했습니다. 1949년 반민특위에 체포돼 조사를 받았지만 반민특위가 해산되면서 아무런 처벌도 받지 않았습니다. 이후 1960년과 1963년 국회의원 선거에 두 번 더 출마했지만 모두 낙선했습니다.

죽향·동이초에 세워진 황국신민서사비

조선총독부는 황국신민서사를 강제로 낭송시키는 데 그치지 않고 전국 곳곳에 황국신민서사 비석을 세웁니다. 서울 남대문 앞에서부터 전국 방방곡곡에 비석을 세웁니다. 우리 충북 지역에는 현재 2개의 비석이 남아 있습니다. 2개의 비석은 공교롭게도 충북 옥천군에 있습니다.

두 비석 모두 초등학교, 옥천읍 죽향초등학교와 동이면 동이초등학교에서 발견됐는데, 현재는 '황국신민서사비'라는 글자는 모두 사라지고 없

옥천 죽향초등학교에 세워졌던 황국신민서사비는 정지용 생가 앞 도랑으로 옮겨져 돌다리로 사용되고 있다.

습니다. 해방 이후 사람들이 글자를 쪼아 없앤 뒤 다른 글자를 새겨 넣었기 때문입니다. 죽향초에 세워진 비석에는 대신 '통일탑'이라는 글자가, 동이초에 세워진 비석에는 '옥천향토전시관'이라는 글자가 다시 새겨졌습니다.

　위치도 옮겨졌습니다. 죽향초에 있던 비석은 옥천읍 정지용 생가 앞 작은 도랑으로 옮겨져 돌다리로 사용되고 있습니다. 돌다리로 사용하면서 엎어 놓았기 때문에 글자는 보이지 않습니다. 〈옥천신문〉에 따르면 1993년까지 죽향초에 있었는데 졸업생들이 일제잔재라는 점을 지적해 1994년 현재 위치로 옮겼다고 합니다. 동이초에 있던 비석은 옥천군 안내면 옥천향토전시관 자리로 옮겨져 전시관의 표지석으로 사용되고 있습니다.

옥천향토전시관 표지석은 동이초등학교에 세워졌던 황국신민서사비를 옮겨와 쓴 것이다.

학생들이 돌에 쓴 황국신민서사

일제는 황국신민서사를 외우고 낭송하게 하는 것도 모자라 강제로 글로 써오도록 강요했습니다. 1940년 죽향초등학교(당시 옥천제2공립심

상소학교) 학생들에게 서사 내용을 돌에 직접 쓰게 했고 비석을 세울 때 기반석으로 사용했습니다. 이때 학생들이 서사를 쓴 돌덩이는 현재 대전 한밭교육박물관에 전시돼 있습니다.

대전 한밭교육박물관에 전시된 황국신민서사비 지주석. 일제가 죽향초에 황국신민서사비를 세우면서 학생들에게 돌덩어리에 서사를 쓰게한 후 비석의 지줏돌로 사용했다.

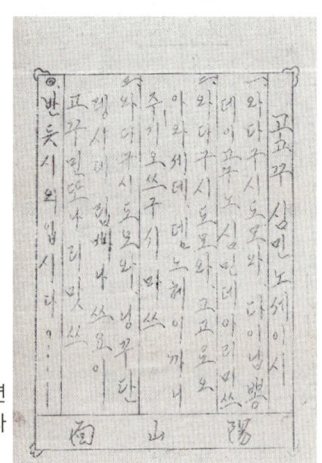

일제강점기 영동군 양산면에서 발견된 황국신민서사 전단.

황국신민서사와 국민교육헌장

충북 보은군 삼산초등학교 교정에는 현재도 국민교육헌장비가 남아있습니다. 비석에는 국민교육헌장 전문과 '대통령 박정희'라는 문구가 새겨있습니다.

국민교육헌장은 1968년 6월에 당시 대통령이던 박정희의 지시에 의해 '국민교육의 장기적이고 건전한 방향을 정립하고 시민생활의 건전한 윤리 및 가치관을 확립'한다는 명목으로 만들어졌습니다. 그러다가 2003년 1월 27일 대통령령으로 국민교육헌장선포기념일이 폐지됐습니다.

국민교육헌장은 선포 당시부터 논란이 있었습니다. 내용 자체가 국가주의적이고 전체주의적인 내용을 담았고 반공과 민족중흥이라는 집권세력의 통치 이데올로기를 담았기 때문입니다. 또 '국민에 대한 국

보은군 삼산초등학교에 세워진 국민교육헌장비.

가의 우위'로 요약되는 이 헌장은 천황의 절대권력을 정당화하고 천황에 대한 무조건적인 복종과 충성을 강요하는 내용으로 구성된 일제의 '교육칙어'를 그대로 본뜬 것이라는 비판에 직면하기도 했었습니다. 1978년 전남대학교 교수 11명이 국민교육헌장과 유신헌법 폐지를 요구했다가 2명의 교수가 해직, 투옥되기도 했습니다.

1990년 초반까지 학교를 다닌 사람이라면 국민교육헌장을 달달 외워야 했던 기억이 있을 겁니다. 김영삼 정부시절인 1994년 기념행사를 개최하지 않았고, 이후 모든 교과서에서 삭제됐습니다. 이렇게 삭제된 국민교육헌장을 기념하는 비가 굳이 학교에 남아 있을 필요가 있는지도 생각해 볼 문제입니다.

일본 **무사상 좌대**에 서 있는 이순신 장군
옥천 죽향초에 남아 있는 구스노키 마사시게 동상의 잔재

일제가 황국신민서사비만 세운 것은 아닙니다. 일제는 죽향초등학교애 일본 무사 구스노키 마사시게(楠木正成) 동상도 세웠습니다. 구스노키 마사시게는 일본 가마쿠라시대 무장으로 천황에 대한 충성심을 상징하는 존재입니다

이런 사실은 2005년 〈옥천신문〉 이안재 기자(현 〈옥천신문〉 상임이사)의 보도로 세상에 알려졌습니다. 〈옥천신문〉은 이 학교 졸업생들의 말을 빌려 죽향초 무궁화동산에 세워진 이순신 장군 동상을 떠받치고 있는 좌대는 일제가 천황에 대한 충성교육을 위해 건립한 구스노키 마사시게의 동상이 있던 곳이라고 보도했습니다. 그러면서 "해방 뒤 일본 무사상을 뜯어냈으나 좌대를 부수지 않고 그 위에 이순신 동상을 얹었다"며 "왜군에 맞섰던 민족의 영웅이 일제잔재 위에 세워진 모습이 광복 60년을 맞도록 청산되지 않고 있어 안타깝다"는 졸업생들의 말을 덧붙였습니다.

"친일잔재, 기록하고 기억하는 안내비 세워야"

2005년 〈옥천신문〉의 보도 이후 일본 무사상 좌대문제 처리를 두고 여러 주장이 제기됐습니다. 민족의 영웅인 이순신 장군의 동상이 일제 잔재 위에 세워지는 것이 타당하냐는 것이었죠.

충북 옥천군 옥천읍 죽향초등학교 교정에 세워진 이순신 장군 동상. 옥천신문은 2005년 죽향초 졸업생들의 말을 빌려 동상의 좌대가 일제강점기 시절 천황에 대한 충성심을 상징하는 일본 무사 구스노키 마사시게 동상을 설치할 때 만들어진 것이라고 보도했다. 동그라미 안은 일본에 세워진 구스노키 마사시게 동상.

〈옥천신문〉에 따르면 2005년 논란이 일자 당시 죽향초 교감 A씨는 "원로 졸업생 등을 통해 사실 여부를 알아본 뒤 좌대가 일제잔재로 확인되면 이순신 장군 동상을 다른 곳으로 옮기고 좌대는 철거하는 방안 등을 검토하겠다"고 했습니다. 하지만 바뀐 것은 없었습니다. 지난 3월 죽향초를 방문해서 확인해보니 일본 무사상 좌대는 그대로 남아 있었습니다.

이안재 〈옥천신문〉 상임이사에 따르면 좌대에 남아있던 일부 글자를 누군가가 쪼아 없앴다고 합니다. 그는 "2005년 당시에는 좌대 뒷면에 '애국부인회'란 글자가 있었는데 지금은 사라지고 없다"고 말했습니다.

이안재 상임이사는 "학교에 남아있는 친일잔재에 대한 기록을 남겨야 한다"고 했습니다. 그는 "황국신민서사비가 있던 곳에 안내판을 설치하고 일본 무사상 좌대에도 이런 사실을 알 수 있게 해야 한다"면서 "사비를 들여서라도 하고 싶다. 3·1 운동 100주년을 맞이한 올해 지역에서 모금운동을 펼칠 계획"이라고 했습니다.

죽향초 관계자는 "이런 사실이 있었는지 알지 못했다"면서 "학교 운영위원회에서 논의해 처리하겠다"고 말했습니다.

학교 측에서도 논의에 들어간 가운데 한밭교육박물관의 처리방식이 관심을 끕니다. 현재 박물관은 충남지역에 발견된 황국신민서사비를 전시하고 있는데요. 이곳의 황국신민서사비는 쓰러진 상태로 반쯤 땅에 묻혀져 있는 상태입니다. 이른바 '모독·굴욕 전시' 쯤으로 보면 될 것입니다. 그리고 비석 옆에는 안내판을 설치해 일제의 황국신민화 만행을 설명하고 있습니다.

향토유적 안에서 발견된 **천황추모비**
춘추민속관은 조선총독부 관선 도평의원 오윤묵의 집터

충북 옥천군 옥천읍 교동리에는 16개의 비석이 모여 있습니다. 교동리는 원래 옥천읍터가 있던 자리입니다. 그래서 구읍이라고 부르기도 합니다. 구읍에는 당대의 부자들이 모여 살았습니다. 박정희 전 대통령의 부인 육영수 여사의 부친 육종관 씨도 이곳에 살았습니다. 육종관 씨는 당시 옥천 최고 갑부 중 하나였습니다. 또 옥천 갑부 김기태가 살았던 고택도 이곳에 있습니다. 또 〈향수〉를 쓴 시인 정지용의 생가터도 구읍에 자리 잡고 있습니다.

교동리 비석군은 대부분 조선시대 군수와 현감의 덕을 기리는 공덕비가 대부분을 차지합니다. 16개의 공덕비 중 하나가 눈에 들어옵니다. '도평의원 오윤묵 송덕비(道評議員 吳允默 頌德碑)'라고 쓰여 있습니다. 비문은 이렇게 새겼습니다.

散萬金財 鮮衆民嗷
値歉施惠 咸頌齊口

만금의 재산을 헐어 백성의 근심을 덜었다, 흉년이 들면 덕을 베풀어 모두가 입을 모아 칭송한다는 뜻입니다.

옥천 교동리 비석군과 안내판. 조선총독부 관선 도평의원을 지낸 오윤묵 송덕비가 보인다.

　　공덕비의 주인공 오윤묵은 어떤 사람일까요? 국사편찬위원회가 제공하는 '한국사데이터베이스'에서 검색하면 1878년 태어난 인물로 대한제국의 관원이라고 나옵니다. 1925년 4월 1일 발행된《개벽》제58호 '충북답사기'에서 차상찬 씨가 오윤묵 씨를 언급합니다.

　　유독 옥천은 타지방의 부호들이 반대로 모여 든다. 현재에 옥천의 수부안이 충북의 거부라 가위 할 오윤묵 군도 경성에서 이래 하얏고 (…) 오씨는 원 함경도인으로 이용익 시대에 졸부가 되었다.

　　1908년 발행된 〈서북학회 월보〉 제3호에 실린 회원명단에도 이름이 들어가 있습니다. 서북학회는 함경도 출신 인사들이 모여 결성한 단체로 알려져 있습니다.

국어 강습 했다는데 알고 보니 일본어

오윤묵 씨가 일제강점기 시절 맡았던 관직은 '도평의원'입니다. 일제는 1920년 7월 29일자로 조선도지방정비령을 공포합니다. 그러면서 도지사의 자문기구로 도평의회를 구성합니다. 의장은 도지사가 맡고 관선과 선출직 평의원으로 구성됩니다.

민족문제연구소 충북지부에 따르면 오윤묵은 1927년 제3대 관선 도평의원에 오릅니다. 관선 도의원에는 충북의 대표적인 친일인사였던 민영은, 방인혁과 일본인 3명으로 돼 있습니다. 민영은 씨는 청주 갑부로 일제에 비행기(애국호)를 헌납하는데 앞장섰던 친일인사입니다.

장달수의 '한국학카페'에 따르면 오윤묵이 국어강습회를 진행합니다. 오윤묵은 자기 집에 사립학교와 국어야학교를 설립했습니다. 그는 운영비를 자(부)담하는 한편 박창화를 교사로 고빙(雇聘)한 후 청소년을 대상으로 일본어를 가르쳤습니다(이에 대한 근거로 〈매일신보〉 1912년 1월 13일 '충북의 독지가'란 기사를 언급합니다). 국어야학교인데 한글이 아니라 일본어를 가르쳤다고 하니 참 이상합니다.

집터에서 발견된 일본 천황 사망 1주년 추모비

민족문제연구소가 펴낸 《친일인명사전》에는 일제강점기 조선총독부 관직에 참여한 대부분의 인사들이 명단에 올랐습니다. 관직에 오른다는 것 그 자체로 일제에 부역했다고 보는 것이지요. 하지만 오윤묵은 도평의원을 지냈지만 그 명단에는 빠져 있습니다.

그런데 옥천읍 문정리에 위치한 오윤묵이 살았던 집터에서 2007년 이상한 비석이 하나 발견됩니다. 이 기념비는 대략 폭 27㎝, 높이 170㎝, 너비 23㎝에 이르고 앞면에는 '명치천황어일주년세기넘비(明治天皇御一

옥천읍 문정리에 있는 춘추민속관. 옥천군 향토유적으로 지정된 이 집은 일제강점기 충북도평의원을 지냈던 오윤묵 씨가 살았던 곳이다.

週年祭紀念碑)'라는 글귀가 새겨져 있습니다. 명치천황 사망 일주년을 기리면서 세운 비석이라는 뜻입니다. 뒷면에는 '대정이년칠월삼십일(大正二年七月三十日)'이라는 날짜가 새겨져 있습니다. 이를 서기로 환산하면 1913년이 됩니다.

명치천황은 일본의 제122대 왕으로 1867년 16세의 나이에 황제에 오릅니다. 이듬해 9월 연호를 '메이지(明治)'로 고치고 일본의 근대화를 이끌고 제국주의 열강과 어깨를 나란히 한 왕으로 일본인들의 존경을 받고 있습니다. 그러나 우리 시각에서 보면 1876년 강화도조약, 1905년 을사늑약, 1910년 경술국치 등 침략의 원흉으로 꼽히는 인물입니다.

비석이 발견된 경위는 이렇습니다. 2005년 이 건물을 인수한 정태희 씨가 허물어진 사랑채를 철거하는 과정서 마루 밑 디딤돌로 쓰이던 것을 발견했습니다. 정태희 씨는 2005년 5월 집을 인수할 당시 기념비는 '명

2007년 춘추민속관 마당에서 명치천황 1주기를 추모하는 기념비가 발견됐다. 명문으로 보아 1913년 세웠던 것으로 추정되며 건립자에 대한 기록은 없다.

치천황어일주년제기념비'라는 글귀가 보이지 않을 정도의 깊이로 파묻혀 있었다고 했습니다. 당시 정 씨는 "160여 년 된 이 집에는 일제 강점기 당대 최고의 지주가 살았다는 말을 전해 들었다"며 "발견 당시 비의 상태로 봐 해방 이후 누군가가 고의로 디딤돌로 묻은 것으로 보이며 역사적 가치가 있을 것 같아 마당 귀퉁이에 옮겨 세워 놨다"고 말했습니다.

기념비는 누가 세웠을까?

현재 이 집은 춘추민속관이라 이름 지어지고 한옥을 체험하는 민박시설로 이용되고 있습니다. 최근에는 영업이 중단된 상태입니다. 이 집은 오윤묵의 부친인 오상규(조선 말 강화군수)가 1856년 건축하고 이후에 아들인 오윤묵이 증축한 건물로 알려져 있습니다. 현재는 옥천군 향토유적으로 지정된 상태입니다.

문제는 이 기념비를 누가 세웠느냐 하는 것인데, 남아 있는 기록은 없습니다. 〈옥천신문〉 이안재 상임이사는 "비가 세워진 1913년 당시 이 집엔 오상규 씨와 오윤묵 씨가 거주한 것으로 알고 있다"고 말했습니다. 공교롭게도 오윤묵 씨는 일제 강점기 시절 조선총독부 관선 충북도평의원을 지낸 인물입니다. 관선 충북도평의원으로 많은 공덕을 쌓았다고 송덕비까지 존재합니다.

　기념비 관리는 허술합니다. 발견 당시 민족문제연구소 측은 친일잔재 유산으로 보존하고 관리해야 한다고 줄곧 문제를 제기했습니다. 그러나 옥천군은 관심을 보이지 않았고 관리는 집주인에게 맡겨졌습니다. 그러는 사이 누구에 의해 세워졌는지도 모른 채 천황을 기리는 비석이 꼿꼿이 머리를 세우고 있습니다.

제6부

음성·진천 지역의 친일 잔재

음성읍 '일장기 연못'의 내력
아키히토 황태자 탄생 기념하는 정자, 이름만 바꾸어 문화재 대우

음성군 향토문화유적 제9호 경호정.
설성공원 안에 있는 정자로, 1934년에 군수 권종원(權鍾源)이 인풍정이라 하여 창건한 것을 그 뒤 군수 민찬식(閔燦植)이 경호정이라 개칭한 것이다. 주위의 버드나무 그늘과 연못 등과 조화를 이루고 있어 여유와 사색의 공간으로서 사람들의 발길이 끊이지 않는 휴식처.

음성군 홈페이지에서 경호정을 설명하는 글입니다. 여기에 덧붙여 '(경호정) 전면에는 음성읍 평곡리 평곡리 사지에서 옮겨다 세운 3층 석탑과 독립기념비를 배치해 놓았다'고 부연해 설명합니다. 독립기념비까지 배치해 놓았다는 대목에서 가슴속 뜨거운 마음이 솟구쳐 오르려 합니다.

설성공원은 음성읍 시내 중심부에 있는 공원입니다. 음성군이 자랑하는 품바축제가 매년 5월이면 이곳에서 열리고요. 축제 때면 설성공원 내 연못 안에 설치된 경호정은 화려한 조명으로 치장됩니다. '힐링 명소'로 소개할 정도로 음성군이 자랑하는 곳이죠.

아키히토 황태자 전하 탄신 기념물

그렇다면 과연 경호정은 시민들의 '힐링 명소'로 적합할까요?

음성군 음성읍 설성공원 연못과 경호정 전경. 1934년 일본 아키히토 황태자 출생을 기념하기 위해 당시 음성군수 권종원이 조성했다. 처음 만들어질 당시 연못은 네모난 형태를 띠었고 그 안에 동그란 섬을 만들어 '일장기 연못'으로도 불렸다.

한국학중앙연구원이 발간한 〈디지털음성문화대전〉은 '경호정'이 1934년 일본 황태자 아키히토의 출생을 기념하기 위해 만든 것이라고 설명합니다. 디지털음성문화대전에 따르면 1933년 황태자가 없어 안절부절 못하던 일본 황실에서 황태자가 태어났는데, 당시 음성의 지역 경제를 쥐고 있던 일본인들이 군수였던 권종원(權鍾源)에게 황태자 탄생을 기념하는 사업을 추진해 일본 황실에 충성심을 보이라는 권유를 했다고 합니다.

이에 당시 조선총독부 음성군수였던 권종원은 1934년에 음성읍 읍내리 817번지에 약 1500평 규모의 연못을 파고 그 안에 다시 약 200평 규모의 섬을 조성한 뒤 그 위에 정자를 짓습니다. 그리고 황태자 탄생을 축하하는 비석을 세운 후 정자 주변에 3000여 평의 운동장을 조성합니다. 정자가 완성되자 조선총독부 음성군수 권종원은 정자에 인풍정(仁風亭)이라는 현판을 내겁니다.

디지털음성문화대전은 위 사실에 대해 《경호정잡기(景湖亭雜記)》의 기록을 근거로 제시했다고 밝혔습니다.

이런 사실에 대해 구체적인 증언도 나와 있습니다. 2002년 당시 이기준 음성군 노인회장은 〈음성신문〉에 경호정과 관련된 장문의 글을 기고했는데요. 이 회장은 우선 "음성설성공원 경내에 경호정에 서 있는 독립기념비에 대하여 근일 보도를 통하여 여론이 일고 있기로 당시 상황을 알고 있는 산증인으로서 한마디 증언하고저 한다"며 글을 시작합니다.

이 회장은 경호정의 유래에 대하여 70년 전(1934년 당시) 면장 이명로 씨가 면민들을 강제로 동원해 부역으로 호당 1주일씩 출역하여 기제 등 짐으로 자갈을 파내 조성했다고 했습니다. 당시 이명로 면장에 대한 면민들의 원성이 높았다고 합니다. 그렇게 네모진 연못이 조성되고 그 안에 섬을 만들어 가섭산 소나무를 베어다 인풍정을 지었다고 밝혔습니다.

이 회장은 1934년 자신은 10살로 수봉학교 1학년이었는데, 어느 날 수업 중에 경찰서에서 사이렌 소리가 몇 번 울려 퍼졌다고 기억했습니다. 그 소리는 일본 아키히토 황태자가 탄생했는 전국적인 신호였다는 겁니다. 그러면서 이 회장은 그해 인풍정에 아키히토 황태자 전하 탄신 기념비(明仁皇太子 殿下 誕辰 記念碑)가 세워졌다고 밝혔습니다.

음성군 음성읍 설성공원내에 위치한 음성군 향토문화제 9호 경호정. 경호정은 1934년 일본 아키히토 황태자 출생을 기념하기 위해 당시 음성군수 권종원이 세운 뒤 인풍정이라고 이름을 지었다. 해방 후 이름이 경호정으로 바뀌었다.

네모난 연못과 둥근 섬, 그리고 인풍정

"처음에는 연못을 네모나게 만들었어요. 그리고 연못 안에 둥근 섬을 만들었지요. 한마디로 일장기에요. 그리고 둥근 섬 안에 '황태자전하 탄신 기념비'를 세우고 정자를 지은 거에요."

음성문화원 박경일 사무국장은 음성군 향토문화재 경호정에 대해 한마디로 '일장기 연못'이라고 일축합니다. 현재 옛 인풍정이 있는 연못은 원형이 일부 변경됐습니다. 처음 네모나게 만들었던 연못은 둥근 타원형이 되고 가운데 둥그런 섬은 오히려 각이 생겼습니다.

박경일 사무국장은 "여러 번 중수 과정을 거쳤다. 특히 연못의 물이 썩어 냄새가 심했다. 변형 공사를 하면서 일장기 모양의 원형은 없어진 상태다"라고 설명합니다.

이기준 전 노인회장은 인풍정이 경호정이 된 이유에 대해서도 밝혔습

해방 후 황태자 전하 탄신 기념비 비문을 지우고 '독립기념비'라는 글자를 새겨 넣었다. 박경일 음성문화원 사무국장은 이 비를 쓰러뜨리고 그 위에 소녀상을 설치하자고 제안하기도 했다.

니다. 이 회장에 따르면 1945년 9월경으로 어른들 사이에서 일본 황태자 탄신기념비 처리 문제를 놓고 양론이 대립했다고 합니다. 비석을 때려 부수자는 편과 복수 차원에서 글자를 깎아내고 그 위에다 독립기념비를 만들자는 의견이 대립했다는데요. 일본의 아키히토를 깔아 뭉게고 우뚝 세우자는 데에는 이론이 없었다고 합니다. 결론은 황태자 탄신기념비를 그대로 사용하여 독립기념비를 세우는 것으로 하여 그 자리에 건립한 것이 음력으로 8월 9일로 기억된다고 밝혔습니다. 그러면서 인풍정의 이름이 왜색의 냄새가 난다는 연유에서 경호정으로 바뀌었다고 설명했습니다.

이 전 회장은 "이때 (자신은) 23세에 청년으로 어른들 하시는 대로 구경만 했을 뿐이다. 이것이 일제의 잔재라기보다는 두고 두고 일제를 조롱한다는 상징물로 전해 주는 것이 선인들의 억울함과 분노, 그리고 복수심을 후세에 전하게 될 것이다"라고 했습니다.

2018년 음성군 음성읍 설성공원에 설치된 소녀상. 멀리 친일 흔적이 남겨져 있는 경호정을 물끄러미 바라보고 있다.

글자만 바꾸어 만든 독립기념비

연못 안 경호정 앞에는 이기준 전 노인회장의 설명대로 '독립기념비'가 서 있습니다. 독립기념비는 일제강점기 '황태자 전하 탄신기념비'를 가공해 다시 만든 것이죠.

박경일 음성문화원 사무국장은 "예전 비에서 글이 새겨져 있던 앞뒷면 모두 상당 부분을 깎아 그 위에 새로 글자를 새겼다"면서 "완전히 지워지지 않아 햇빛이 투영될 때 잘 보면 옛 비문 흔적이 어슴프레 보인다"고 말했습니다. 박 사무국장은 "어떻게 황태자 탄신 기념비가 아직도 버젓이 서 있을 수 있나? 여전히 찜찜하다"고 말합니다.

박경일 사무국장은 "지난해 이 비석을 쓰러뜨리고 이를 기단 삼아 그 위에 소녀상을 세우려고 했지만 음성군의 반대로 하지 못했다"라며 아쉬

워 합니다. 그는 "대신 설성공원 내에 이곳 정자를 바라보는 방향으로 소녀상을 세웠다. 하지만 이것조차도 음성군이 동의하지 않아 무단으로 세우게 됐다"고 말했습니다. 박 국장의 설명대로 경호정과 50미터 정도 떨어진 곳에 소녀상이 있었고 이곳을 물끄러미 바라보고 있습니다.

인풍정의 '仁'은 일왕 히로히토·아키히토의 '히토' 한자음

대통령소속 반민족행위진상규명위원회의 보고서에 이름을 올린 친일인사 권종원 음성군수는 '아키히토' 황태자의 출생을 기념하면서 왜 '인풍정'(仁風亭)이라고 이름을 지었을까요?

이에 대해 일본 나고야대학원에서 박사과정을 마친 이상엽 '일하는공동체' 사무국장은 히로히토와 아키히토 일왕의 이름과 연관돼 있을 것이라고 추정합니다. 이 사무국장은 "일왕 히로히토나 아키히토의 '히토'의 한자음 자체가 '인(仁)'이다. 인풍각에 들어가 있는 '인'이라는 한자가 천황과 황태자 이름에 들어가는 한자와 같다"라고 합니다.

그는 "일본 돗토리현 공원에 서양식 건물이 있다"며 "명치 40년(1907년) 돗토리 번주 손자가 별택으로 건설했고, 당시 황태자(훗날의 대정천황)의 숙소로서 사용됐다. 인풍각은 일본의 중요 문화재"라고 덧붙입니다.

이 사무국장의 설명대로 아키히토의 아버지 히로히토(裕仁) 일왕의 이름에 인(仁)자가 들어갑니다. 히로히토 일왕의 본명은 미치노미야 히로히토로 일본 역사상 가장 오랜 기간 재위한 군주입니다. 1945년 8월 15일 연합국이 요구하는 항복조건을 무조건 수락한다는 내용의 라디오 방송을 한 인물이죠. 인풍정 설립 배경인 아키히토(明仁) 황태자의 이름에도 인(仁)자가 들어갑니다.

산슈 가이요, 일제 경찰 **이해용**의 공덕비
강화경찰서 경부로 3·1 만세 시위자 심문… 음성·제천 등 군수 지내

"당신도 조선 사람이니 독립운동에 찬동하고 운동자를 검거하지 말 것이며 만일 이에 응하지 않을 시는 참살시키든지 불을 지르겠다."

1919년 3월 20일 강화도 부내면 출신으로 〈매일신보〉 기자이자 사립학교 교사인 조구원은 강화결찰서 경부 이해용(李海用, 일본이름: 三州海用 산슈 가이요, 1891년 1월 6일 ~ ?)에게 한 통의 편지를 보냅니다. 들불처럼 번진 3·1 운동에 참여한 인사들에 대해 같은 조선 사람으로서 탄압하지 말라는 경고입니다.

하지만 이해용은 조선인이 아닌 일본인 '산슈 가이요'로 행동했습니다. '산슈 가이요'는 1919년 4월부터 5월까지 경기도 강화 지역에서 일어난 3·1 운동 관련자 8명을 심문합니다.

강화도 지역의 3·1 만세운동에 대한 일제의 탄압은 가혹했습니다. 1919년 3월 27일에는 독립만세 시위대에 총을 쏘았고 부상자가 발생합니다. 시위를 주도한 인사들은 체포돼 보안법 위반으로 옥고를 치렀고 일부 독립운동 인사들은 옥사했습니다. 그래도 시위는 멈추지 않았습니다. 3·1 만세운동은 이듬해 가을까지 계속됐습니다. 1년 뒤에도 강화 지역 인사들은 중앙광장에 "만세를 부르라. 불응하는 자는 새나 짐승에 가까운 자"라고 쓰며 일제에 저항하는 것을 멈추지 않았습니다.

매국노 이완용의 친척인 이해용

2009년 대통령 소속 기구인 '친일반민족행위진상규명위원회'가 펴낸 친일반민족행위 진상규명보고서에 의하면 이해용은 철저한 친일파입니다. 친일매국노 이완용과는 6촌이고 초명은 이시용(李始用)이며, 본적은 경성부 숭이동입니다. 1911년 조선총독부 임시토지조사국 조사과 서기로 근무하다 1918년 조선총독부의 경찰이 됩니다. 소속은 조선총독부 경무국 고등경찰과. 1918년 5월 11일 조선총독부 경무국 경부로 임명됐고 1918년 9월 23일 경기도 강화경찰서 경부로 발령됐습니다. 경부는 지금으로 치면 경찰서장에 해당하는 직위입니다.

이해용은 경찰로 시작했지만 이후 행정관료로 충북 음성 군수(1927년 3월 31일 임명), 제천 군수(1929년 4월 13일 임명), 괴산 군수(1930년 4월 16일), 영동 군수(1932년 11월 8일 임명), 청주 군수(1936년 11월 12일 임명)를 역임했습니다.

그가 일제로부터 받은 훈장도 수두룩 합니다. 1928년 일제로부터 쇼와대례 기념장, 1931년과 1937년 훈6등과 훈5등 서보장을 받습니다. 1940년 4월 29일 중일 전쟁에 협력한 공로를 인정받아 일본 정부로부터 훈5등 쌍광욱일장을 받았습니다.

그의 관직은 일제가 패망하고 나서야 중단됩니다. 충청북도정보위원회 간사(1937년과 1938년), 청주군군사후원연맹 회장(1937년), 국민정신총동원충청북도연맹 이사(1938년), 충청북도유도연합회 평의원(1939년)을 지냈습니다.

충청북도 청주군창씨후원회 회장(1940년)을 겸임하면서 군용물자 공출과 국방사상 보급에 주력하는 등 일제의 침략 전쟁에 적극 협력했습니다. 이 외에도 충청북도임금위원회 위원(1940년), 함경북도 참여관 겸 내무부장(1941년), 경상북도 참여관 겸 식량부장(1943년), 경상북도 농상부장(1943년 12월~ 1944년 10월)을 지냈고 1945년 2월 11일 대화동맹 심의원으로 선임됐습니다.

이해용의 친일행위는 여기서 그치지 않습니다. 언론에 친일을 조장하는 글을 앞장서서 게재합니다. 1942년 8월에 발행된 잡지《조선공론(朝鮮公論)》에서는 농민들에게 총후의 증산전사(增産戰士)가 될 것을 강조한 글을 게시했고요. 시 〈무적황군〉(無敵皇軍, 동아의 대륙과 바다에서 연전연승하는 일본군을 찬양하는 내용을 담음)을 기고하기도 했죠.

청주향교에 건립된 친일파 이해용 존성비

1995년 충북지역 주간신문 〈충청리뷰〉는 청주향교에 친일파 이해용에 대한 존성비가 모셔져 있다고 보도합니다. 당시 충청리뷰 보도에 따르

청주향교에 건립돼 있던 이해용 존성비는 2015년 철거됐다. 1995년 〈충청리뷰〉 보도 이후 철거 운동이 시작됐지만 비 철거까지는 20년이 걸렸다.

면 청주향교는 청주향교의 증개축에 큰 도움을 주신 분들에게 고마움의 표시로 존성비를 건립했습니다.

〈충청리뷰〉 보도 이후 이해용 존성비 철거를 요구하는 운동이 시작됩니다. 2004년 9월 18일 민족문제연구소 충북지부가 결성되면서 운동은 탄력을 받습니다. 당시 출범식에서 김진한 초대 민족문제연구소충북지부장은 청주향교 존성비 철거 운동을 선언합니다. 하지만 철거 운동은 순탄치 않았습니다. 시간이 흐르고 흘러 2015년이 돼서야 청주향교에 있던 이해용 존성비가 겨우 철거됩니다.

친일파 공덕비가 근현대 문화유적으로 변신

청주향교에 설치된 이해용 존성비는 철거됐지만 음성향교에는 이해용의 기념비가 남아 있습니다. 음성향교 이해용 기념비에 새겨진 비문은 군수이후해용청덕기념비 (郡守 李侯海用 淸德記念碑).

한마디로 이해용 군수의 덕을 기념하기 위해 세운 비석입니다. 이 비에는 그의 덕을 이렇게 기립니다. "풍속을 바로잡고 인륜을 밝혔다. 삼년 동안 정사를 보면서 온 고을에 인(仁)을 이루다."

이 비에 대해 〈디지털음성대전〉은 조선 말기 음성 군수 이해용의 기념비라고 설명합니다. 그러면서 이 비를 근현대 문화유적으로 분류해 놓았습니다. 이해용 공적비의 설립년도에 대해서는 1905년(고종 42년)에 세워졌다고 밝혔습니다.

음성군의 설명대로라면 이 비는 친일파 이해용의 공적비가 아닌 동명이인의 기념비가 됩니다. 하지만 디지털음성대전의 설명은 조금만 생각해봐도 앞뒤가 맞지 않습니다. 이해용의 출생년도는 1891년으로 비가 세워진 1905년에 그의 나이는 15세에 불과합니다. 이해용이 조선총독부 음성군수에 임명된 해는 1927년이고 1929년 3월까지 재임했습니다. 디

음성군 음성읍 음성향교 앞에 설치된 이해용의 기념비. 설립년도를 추정케 하는 기사(己巳 : 오른쪽 동그라미 안)라는 한자가 새겨져 있다.

 디지털음성대전의 설명이 잘못됐다는 것은 음성향교에 남아있는 비석을 조금만 살펴봐도 바로 알 수 있습니다.

 음성향교 이해용기념비에는 음성군의 설명과 달리 설립년도가 1929년으로 돼 있습니다. 이해용 공적비중 일부는 훼손돼 글자를 알아보기 어려운 부분이 있지만 비 좌측 하단에 '己巳六月'(기사(년)육월)란 글자가 육안으로 확인됩니다. 즉 기사년(1929년) 6월에 비를 건립했다는 것이죠. 또 친일파 이해용(李海用)의 한자 이름과 비석에 새겨진 한자명 모두 똑 같습니다.

 청주백제유물전시관 강민식 박사는 "음성향교 앞에 설치된 이해용 기념비는 일제 때 세워진 공덕비의 전형적인 양식을 띠고 있다"며 "'己巳'란 글자에서도 알 수 있듯 1929년에 세워진 것으로 보는 것이 타당하다"고 밝혔습니다.

〈충북인뉴스〉의 보도 이후 음성향교는 2019년 4월 16일 이해용 기념비를 철거했다.

이에 대해 음성군 관계자는 "현재 지역 향토사연구회에 비에 대한 해석을 의뢰했다"며 "친일파 이해용의 비로 판명되면 음성향교와 논의해서 처리할 것"이라고 밝혔습니다. 또 다른 관계자는 "이런 사실을 전혀 알지 못했다. 일제 치하를 겪은 어르신들도 몰랐던 부분이다"며 "늦었지만 개선점을 찾겠다"고 말했습니다.

1919년 3·1 운동 참가자들이 참살하거나 불지르고 싶어했던 친일파 이해용. 하지만 100년이 지난 후손들은 오히려 그의 공덕이 새겨진 비를 문화유적이라고 하는 웃지 못할 상황을 연출하고 있습니다.

한편 이해용은 광복 이후인 1949년 8월 반민족행위특별조사위원회에 자수했지만 어떤 처벌을 받았는지는 확인되지 않았습니다.

(※ 음성향교는 〈충북인뉴스〉의 보도 이후 2019년 4월 16일 친일파 이해용의 기념비를 철거했습니다.)

혈세로 보전되는 **이무영**의 생가
'일급친일' 문학인 흉상에 문학비까지…죽어서도 일급 호사

　2010년 4월 17일 민족문제연구소 충북지부는 단재 신채호 선생의 동상 앞에 《친일인명사전》을 헌정합니다. 3년 뒤 충청북도 음성군 음성읍 설성 공원내에 설치된 한 인물의 문학작품비와 흉상이 철거됩니다. 참고로 설성공원에는 일 황태자의 출생을 축하하기 위해 만든 인풍정(현재 이름은 경호정)이 있는 곳입니다. 흉상의 주인공은 《친일인명사전》에 포함된 이무영(李無影, 소설가, 1908~1960).

　김승환 충북대 교수는 2011년 〈이무영의 친일 행적에 관한 고언〉이란 글에서 "(이무영은) 최소한의 사죄나 반성의 표현이 없었다. 이것을 흔히 적극적인 친일이면서 반성조차 하지 않은 '일급 친일'이라고 한다"고 했습니다.

　김승환 교수만 이런 표현을 사용한 것은 아닙니다. 2012년 4월 18일 '이무영 기념사업폐지를 위한 음성군 대책위원회'가 기념사업 폐지를 요구하는 기자회견을 했습니다. 이 단체는 기자회견문에서 "오늘 우리는 참으로 이해할 수 없는 심정으로 이 자리에 섰다"며 "이무영은 일급 친일파로 더 이상 음성의 자랑이 아니라, 음성의 수치이기에 기념사업은 더 이상 이뤄져선 안 된다"고 주장했습니다. 여기서도 '일급 친일'이란 말이 나옵니다.

'일급 친일'. 쉽게 나올 수 있는 표현은 아닌 듯 합니다. 이무영의 친일 행적에 대해선 다시 살펴보기로 하고 다시 문학작품비가 있던 음성읍으로 돌아가 보겠습니다.

'일급 친일'은 죽어서도 '일급 호사'

'일급 친일'로 지칭됐지만 이무영이 후세로부터 받은 존경과 환대는 이만저만이 아니었습니다. 독립유공자도 누리지 못하는 '일급 호사'였습니다.

1985년 음성 설성공원에 이무영 문학비가 건립됐습니다. 1994년부터 매년 4월이면 그를 추모하는 '무영제'라는 행사가 열렸습니다. 1998년부터는 무영문학상이 제정돼 무영제 때 시상하는데 수상자에게는 상패와 500만 원의 시상금이 주어졌습니다. 도로의 이름까지 그의 이름으로 바뀌어 문학비가 있는 설성공원 앞길은 '무영로'로 명명됐습니다. 생가엔 흉상과 표지, 표석, 정자 등이 설치됐고 음성군 향토민속자료전시관 2층 한 켠에는 이무영의 작품을 비롯해 친필·유품 등이 전시됐습니다.

소설가 이무영의 문학비가 건립된 설성공원에는 공교롭게도 '아키히토' 일 황태자의 출생을 축하하기 위해 1934년 지어진 인풍정(현재는 경호정)과 '황태자전하 탄신 기념비'가 있습니다. 인풍정과 황태자전하탄신기념비가 그 모습과 이름 그대로 버틴 것은 고작 11년에 불과합니다. 친일인사로 분류되는 이무영의 문학비는 이보다 더 오래 버텼습니다. 설치 29년째인 2013년이 되어서야 설성공원에서 사라집니다. '무영로'란 도로명도 새주소 사업과 함께 자연스레 '설성공원로'로 바뀌고 음성군은 2012년부터 기념사업에 대한 사업비 지원을 중단했습니다.

음성향토민속자료전시관에 전시된 이무영의 활동 사진. 이무영의 친일행적에도 불구하고 오히려 3·1만세운동 기념사업에 참석한 사진을 전시하고 있다(동그라미 안). 좌측 첫 번째가 이무영 선생이라고 적혀 있다.

음성향토민속자료전시관에 전시된 이무영 유품들.

음성군 음성읍 석인리 마을 입구에 설치된 이무영 생가 안내 비석.

세금으로 끈질기게 보전되는 이무영의 흔적들

그러나 그뿐입니다. 여전히 '일급친일' 인사로 분류되는 이무영의 유적은 세금을 먹으며 굳건히 보전됩니다. 이무영이 태어난 음성군 음성읍 석인리로 가는 길, 마을입구에는 큼지막한 돌비석이 이무영의 생가를 안내합니다. 비석을 뒤로하고 한참을 들어가면 이무영의 생가가 나타납니다. 1260여㎡에 달하는 이무영의 생가부지는 개인 소유였던 것을 음성군이 2002년, 2003년 두 차례에 걸쳐 군비를 들여 매입했습니다.

생가 입구에는 음성군이 설치한 '이무영 선생 생가터'라는 안내판이 등장합니다. 그의 대표적인 친일작품으로 알려진 〈청기와집〉으로 조선총독부가 주는 '조선예술상'을 받았다고 자랑스럽게 설명합니다. 어디에도 그것이 친일문학이라는 표현은 없습니다. 조금 더 안쪽으로 가면 설성공원에 있던 이무영 작품비가 나옵니다. 설성공원에서 사라진 것이 아니라 이곳으로 이전된 것입니다. 이뿐만이 아니라 이무영의 흉상도 당당하게

음성군 음성읍 석인리 이무영 생가 전경. 음성군은 2002년과 2003년 군비를 들여 이 부지를 매입했다. 흉상과 묘비, 문학비, 작품비가 설치됐고 무영정이라는 정자도 건립돼 있다.

헐세로 보전되는 이무영의 생가 119

자리 잡고 있습니다.

　음성군향토민속전시관에 가도 이무영의 흔적은 여전합니다. 이무영이 살아 생전 사용하던 유품과 사진이 별도의 공간에 전시돼 있습니다. 어색한 사진도 있습니다. 바로 이무영이 횃불문양의 소품을 들고 3·1절 기념 가두행진을 벌이는 사진입니다. '일급친일'로 분류되는 인사의 3·1운동 기념 가두행진이라니 변신은 이렇게 파격적이어야 하나 봅니다.

　그나마 다행인 것은 이곳에 있는 안내판에는 비록 한 줄이지만 그래도 그의 친일 행적이 언급이 됐다는 것입니다. 여기에는 '일제강점기 말 (1942~1945)에는 대동아전기, 개척촌보고 등 친일적인 글들을 남겼다'

방대한, 너무 방대한 이무영의 친일 행적

　이무영의 친일행각은 《친일반민족행위진상규명보고서》와 《친일인명사전》에 낱낱이 드러나 있습니다. 진상보고서에는 48쪽, 친일인명사전에는 7쪽에 걸쳐 이무영의 친일활동상과 친일문학의 구체적 내용이 적시돼 있습니다.

　1908년 음성에서 태어난 이무영은 1920년까지 충주에서 자라며 학교를 다닌 뒤 일본으로 건너가 가토 다케오에게 문학수업을 받습니다. 이무영은 1942년 조선총독부 관변단체인 조선문인협회의 소설·희곡회 상임간사를 맡습니다. 같은 해 9월부터 이듬해 2월까지 일본어 신문 '부산일보'에 일문 장편소설 〈청기와집〉을 연재합니다.

　이 작품은 조선인 작가가 일본어로 쓴 최초의 연재소설인데요. 중일전쟁부터 태평양전쟁이 일어나 일본이 홍콩을 점령할 때까지를 시대배경으로 하는데 청기와집이라 불리는 양반 권씨 집안은 '조선'을 상징합니다.

　청기와집의 가장 권 대감은 '사대주의 구사상', 아들 권수봉은 '영미 제일주의 사상', 손자 권인철은 '일본의 신사상'을 대변하는데 권 대감이 세상을 뜨고 수봉도 마음을 바꾸어 조선신궁을 참배하게 됐으며, 인철은 젊은 일본인으로서 개간사업에 몰두하게 된다는 내용입니다.

　그의 친일 행적을 싣기엔 내용이 너무 방대합니다. 그래서 2002년 3월 9일 〈충북인뉴스〉의 모 신문인 〈충청리뷰〉에 실린 '민족을 담보로 부귀를 챙긴 사람들'이란 제고 돼 있습니다. 아! 다시 보니 한 줄이 아니고 자그마치 두 줄이네요.

여기서 질문하나 던져 봅니다. 언제까지 친일인사들의 유적을 세금을 들여서 보전해야 할까요?

충북도의회 이상정 의원은 "2012년에도 그렇고 계속해서 이무영의 유적을 철거하자고 요청했다"며 "세금을 들여서까지 유지해야 하는지 의문이다"라고 말했습니다. 또 "철거를 못 하면 그 자리에 이무영의 친일행적에 대한 안내판을 설치해야 된다"라고 말했습니다. 음성문화원 박경일 사무국장도 "이무영의 유적이 세금까지 들여서 보전될 가치가 있는지 전혀 모르겠다"라고 말했습니다.

목의 기사로 대신합니다.

민족을 담보로 부귀를 챙긴 사람들
이무영(1908~1960·음성 출생)

농민문학의 대표작가로 알려진 이무영의 친일행적은 민예총 충북지회가 발간한 《청주문학》 2집에 실린 임기현 씨 글을 통해 드러났다. 이무영은 동아일보 기자, 서울대 강사, 단국대 교수를 역임했다.

이무영은 39년이후 '귀농문학'으로 불리는 본격적인 농촌소설을 쓰게 된다. 하지만 대표작으로 손꼽는 〈흙의 노예〉 등 농민소설 속에는 일제의 수탈이라는 본질을 은폐하고 오히려 일본을 '우리 국가'로 칭하면서 농촌문제를 단순히 도시화, 물가상승으로 인한 지출의 증대로 몰고갔다.

특히 40년대 들어 이무영은 여러편의 일문소설을 발표해 내용적으로 뚜렷한 숭일문학의 경향을 나타냈다. 소설 〈청기와집〉은 조선인이 쓴 최초의 일문 장편소설로 일제로부터 제4회 조선예술상을 수상하기도 했으며 〈개혁촌을 보고〉, 〈선구자들의 변〉, 〈촌거단상〉, 〈소개산 전훈〉 등도 숭일문학 작품으로 분류된다. 결국 이무영은 민족사적 관점에서 농촌과 농민들의 삶을 팔아 일제를 찬양한 작가라는 평가를 받고 있다.

태극기 물결 속에 우뚝한 일제 면장들
금왕읍·덕산면사무소에 보전된 조선총독부 면장 공덕비

3·1운동 100주년을 맞아서 올해는 그 어느 때보다 기념식이 성대하게 열렸습니다. 이런 분위기 탓인지 충북 음성군 금왕읍사무소와 진천군 덕산면사무소는 사무소 부지 일대를 태극기로 장식했습니다. 사무소 마당 정원의 나무에는 소형 태극기가 걸렸고 바람개비 태극기까지 게시됐습니다. 특히 음성군 금왕읍의 경우 넓은 부지 전체를 태극기로 장식해 절로 탄성이 나올 정도로 장관이었습니다.

금왕읍은 일제강점기 시대 우리나라에서 제일 큰 금광이 있던 곳입니다. 지금은 금광이 모두 문을 닫았지만 일제강점기 시절 한참 성업 중일 때는 강아지도 금이빨을 하고 다닌다는 우스개 소리가 나오던 지역입니다. 진천군 덕산면도 충북혁신도시가 들어서면서 날로 규모가 커지고 있는 곳입니다. 현재 인구 2만 명을 넘어 읍 승격의 기본 요건을 갖췄습니다.

분명 3·1운동 100주년을 맞아 두 기관에 설치된 태극기를 보면서 시민들은 큰 자긍심을 느꼈을 것입니다. 또 읍·면 공무원 분들의 3·1운동을 기리고자 하는 마음도 충분히 전달됐을 것입니다.

하지만 개운치 않은 뒷모습도 있습니다. 온통 태극기로 장식된 금왕읍 사무소 뒤편에는 일제강점기 시절 조선총독부 면장으로 임명된 두 명의

음성군 금왕읍사무소는 삼일만세운동 100주년을 맞아 청사 주변을 온통 태극기로 장식했다.(위) 하지만 청사내에는 일제강점기 조선총독부 면장을 지낸 두명(왼쪽 김낙성, 오른쪽 이준성)의 공덕비도 여전히 존치하고 있다. 진천군 덕산면사무소(아래) 청사 내에도 일제강점기 조선총독부 면장을 지낸 이계창의 공덕비가 서 있다.

공덕비가 우뚝하니 자리 잡고 있습니다. 공덕비의 주인은 1920년부터 1923년까지 금왕면장으로 재직한 김낙성(金樂性), 1931년부터 1937년까지 면장을 지낸 이준성(李竣成, 1890~) 입니다.

일제하 조선총독부의 기관지였던 〈매일신보〉 보도에 따르면 이준성은 우량면장으로 선발돼 내지시찰단에 선발되기도 합니다. 여기서 '내지'(內地)는 일본이 제2차세계대전 전 그들의 본토를 부르는 말입니다. 일제는 그들의 해외식민지를 '내지'와 구분해 '외지(外地)'라 불렀습니다.

1919년부터 1929년까지 충북 진천군 덕산 면장을 지낸 이계창(李啓昌)의 공덕비도 태극기가 걸려있는 덕산면 사무소 한 켠에 우뚝하니 솟아 있습니다. 이계창은 무려 11년 동안이나 조선총독부의 면장으로 장수한 인물입니다.

'송덕비' 존재도 모르는 자치단체

음성군과 진천군은 산하기관 사무소에 일제강점기 면장의 공덕비가 있다는 사실을 알고나 있었을까요? 필자가 청구한 정보공개 청구에 대해 음성군은 "일제강점기 시절 군수나 읍장과 관련된 (비석에 새겨진) 금석문에 관련된 정보가 없으므로 정보(가) 부존재"하다고 답변했습니다. 또 음성읍에는 일제강점기 시절 읍장의 사진이 걸려있지 않다고 했습니다. 나머지 음성군 소재 면사무소의 경우에는 답변하지 않았습니다. 음성군의 답변에 따른다면 각 읍·면사무소에 일제강점기 조선총독부가 임명한 읍면장들의 공덕비 유무에 대해 군이 알지 못한다는 것이겠죠.

조선총독부 및 소속관서 직원록에 따르면 1919년부터 1932년까지 조동환(趙東渙)이라는 인물이 음성군 음성 면장을 지낸 것으로 되어 있습니다. 금왕읍사무소에 걸려있는 역대 면장의 사진 중에서 초대 면장으로 표시돼 있는 조동환 씨와 공교롭게도 한자가 동일합니다. 다만 일제강점기 시절 음성 면장을 지낸 사람과 금왕면 초대 면장으로 기록된 인물이 동일인물인지는 확인하지 못했습니다.

조선총독부 면장의 비석에는 일제 연호가 새겨진 부분을 알 수 없게 쪼아져 있거나 시멘트로 덧칠해 흔적을 지웠다. 왼쪽 일제강점기 시절 금왕 면장 김낙성, 가운데 덕산 면장 이계창, 오른쪽 금왕 면장 이준성의 공덕비.

진천군도 일제강점기 시절 읍·면장들의 정보가 부존재하다고 답변했습니다.

한편 금왕읍사무소와 덕산면 사무소에 보전돼 있는 일제강점기 면장 공덕비는 공통점이 있습니다. 바로 비석 건립 연도를 표시하는 부분이 쪼개지거나 시멘트로 덧칠돼 있다는 것입니다. 누가 지웠는지는 모르겠지만 이것만은 감추고 싶었던 게 분명해 보입니다.

〈조선총독부 및 소속관서 직원록〉

김낙성(金樂性) 1920~1923년 음성군 금왕면장
이준성(李竣成) 1931~1937년 음성군 금왕면장
이계창(李啓昌) 1919~1929년 진천군 덕산면장

신도들 돈 걷어 일제에 **헌납**한 감곡면장
남상철 공덕비 건재… 일황 연호는 없애도 '공적'은 선명

1941년 5월 20일 조선총독부의 기관지격인 〈매일신보〉는 '신도 천명이 참집 / 천주교경성연맹총회'란 제목의 기사를 보도합니다. 기사에 따르면 '국민총력천주교경성교구연맹' 총회는 17일 신궁참배 등 첫날 일정을 마치고 다음날 18일 오후 4시부터 교회 강당에서 지방교회연맹 40명과 이사장 등 60여 명과 일반신도 1000여 명이 모여 노기남 이사장 사회로 식순에 의해 총회를 개최합니다. 식순은 국가(기미가요)봉창, 궁성요배(천황이 사는 곳을 향해 절을 하는 것)를 시작으로 짜여졌습니다.

7개월 후인 1941년 12월 14는 〈매일신보〉는 다시 '국민총력천주교경성교구연맹'에 대한 두 건의 기사를 다시 보도합니다. 〈매일신보〉는 먼저 "적성(적군)의 미영(미국과 영국)을 상대로 대동아전쟁의 전단이 벌어지면서 시국은 더 중대화하여 이때야말로 1억 국민이 다함께 필승을 기하도록 총결속 총돌진을 감행치 않으면 아니 될 터이어서 국내 3천여 천주교도들도 분연히 궐기하여 신도결전대회를 개최했다"는 소식을 전합니다. 이어 "국민총력천주교경성교구연맹 주최로 부내 명치정 천주교회 구내 대강당에서 3천여 신도가 모여 포악한 미영 두 나라의 타도를 선언하는 동시에 시국강연으로서 필승의 결의를 굳게 했다"고 전합니다. 그러면서 "신도들은 조신신궁을 참배하여 우리 황군의 전첩과 무운장구를 기

1941년 5월 20일 매일신보 기사. 국민총력천주교경성교구연맹 총회 소식을 전하고 있다.

1941년 12월 14일 매일신보 기사. 신도들이 1전씩 모아 1만원을 일제에 헌금하게 되었다는 내용이다.

원할 터이다. 그리고 이에 앞서 14일 오전 10시 부내 명치정, 중렬정, 혜화정, 영등포정 네 곳의 교회에서 전승기원 미사제를 엄숙히 거행하기로 되었다"고 보도합니다.

〈매일신보〉는 이 기사에 이어 '1만원을 헌금/천주교경성교구연맹에서'란 기사를 같은 면에 추가로 보도합니다. 기사에는 "천주교경성교구연맹에서는 금년 봄부터 헌금을 하기 위하여 신도들이 1전씩을 모았는데 그게 벌써 1만원에 달하였음으로 금번 신도결전대회를 기하야 군 애국부에 헌납 수속을 취히기로 하였다"고 되어 있습니다.

가톨릭 지도자로 전쟁체제에 협조

일제는 중일전쟁을 기화로 1940년 전면적인 전쟁체제로 전환합니다. 위에 언급된 '국민총력천주교경성교구연맹'은 1940년부터 태평양전쟁 종전 때까지 활동했던 가톨릭의 전쟁협력 단체입니다.

암울했던 시절 일제국주의의 폭압 속에 원치 않은 비자발적인 행보일 가능성도 있지만 위 기사에 언급된 내용으로 보자면 전쟁체제에 협력하였다는 사실 자체는 부인하기 어려워 보입니다. 이 대목에서 1920년부터 1930년대 중반까지 20년 가까이 충북 음성군 감곡면 면장을 지낸 남상철 씨의 행적이 돋보입니다.

국사편찬위원회 조선총독부 및 소속관서 직원록에 남아있는 기록에 따르면 남 씨는 1920년부터 1936년까지 감곡 면장을 했고 이어서는 충북도회의 의원으로 활동했습니다. 그리고 1942년부터는 일제의 전쟁에 협력한 '국민총력천주교경성교구연맹'의 이사장까지 올랐습니다.

일제감정기 조선총독부로부터 상도 참 많이 받았습니다. 1928년 11월 쇼와(昭和)천황 즉위기념 대례기념장, 1932년 조선쇼와5년 국세조사기념장, 1935년 10월 시정25주년 기념표창을 받았습니다.

이쯤 되면 관직은 면장에 불과했지만 알짜배기 친일인사라 할 수 있습니다. 그런 덕분(?)인지 남상철 씨는 민족문제연구소가 작성한 친일인명사전에 등재됐는데 관료부분이 아닌 천주교 부문의 친일인사로 포함됐지요.

과연 비자발적 친일이었을까?

이에 대해 당시 천주교서울대교구는 "전쟁 마지막 시기 종교 등 각 단체 책임을 진 인물은 일본이 강압적으로 만든 총동원단체의 장이 될 수밖에 없는 불가피한 상황이었음을 고려해야 한다"는 입장을 밝혔습니다.

음성군 감곡면 사무소에 보전돼있는 조선총독부 감곡면장 남상철의 공덕비. 동그라미 안이 남상철.

남상철 씨가 형식적으로 단체에 속했을 뿐 적극 협력자가 아니었다고 주장한 거죠.

하지만 그의 행적을 보면 의문이 갑니다. 민족문제연구소에 따르면 남상철 씨는 1937년 8월 충청북도 정보위원회가 주최하는 시국강연회에 연사로 참여해 충청북도 진천·광혜원·음성·원남·괴산·연풍 등지에서 강연했습니다. 같은 해 9월에는 충청북도 도회가 주최하는 시국강연반에 참여해 충북도내를 순회하며 강연을 했습니다.

1938년 8월 국민정신총동원 충청북도연맹 '참여(參與)'를 맡고 1939년 6월 음성군 감곡면 면협의회원을 겸했습니다.

1940년 11월 열린 기원(절) 2600년 축전 기념식전 및 봉축회에 초대받고 기원 2600년 축전 기념장을 받았습니다. 여기서 '기원절'은 일본의 개천절과 같은 날입니다.

1941년 8월 흥아보국단 충청북도 위원으로 참여했고, 9월 임전태세의 정비·강화를 목적으로 임전대책협력회와 흥아보국단을 통합해 조선임전보국단을 조직할 때 발기인(음성)으로 참여했습니다.

1943년 10월 국민총력 천주교경성교구연맹이 주최하는 징병제 관련 강연회에 강사로 참여해 장연·신천·제천 등지에서 일제를 옹호하는 강연을 했습니다.

1944년 2월 8일부터 3월 7일까지 국민총력 천주교경성교구연맹의 보도특별정신대(報道特別挺身隊)에 참여해 전라북도 옥구·김제·부안 등에서 순회강연을 했습니다.

1945년 1월 국민총력 천주교경성교구연맹이 주최하는 시국강연회에 연사로 참여해 경기도 시흥·수원·평택·안성 등지에서 강연했습니다.

이쯤 되면 전쟁 마지막 시기에 불가피하게 친일행위에 가담했다는 천주교서울대교구의 주장은 설득력이 떨어집니다. 하지만 이보다 더 설득력이 떨어지는 것이 있습니다. 대한민국 정부기관인 충북 음성군 감곡면사무소 부지에는 지금도 감곡면장 남상철의 송덕비가 우뚝 서 있습니다. 삼일절이 지나도 광복절이 지나도 여전히 서있습니다. 그래도 부끄러움은 남아 있나 봅니다. 누군가 공덕비에 있는 일황 연호를 쪼아 알아볼 수 없게 했습니다. 하지만 이런다고 친일의 흔적이 가려지겠습니까?

만세운동 외면하는 면장에 **분노**하다
도민들, 시위 동참 촉구하며 맹동·소수·장연·대소면 습격

"우리 조선 국민도 독립을 하여야 하지 않느냐?"

1919년 4월 3일 전라북도 남원군 덕과 면장 이석기가 외쳤습니다. 자리에 있던 800여 명의 면민들도 갑자기 울려 퍼진 면장의 호소에 분연히 떨쳐 일어나 따라 외쳤습니다. 이날 덕과면 신양리 뒷산에는 800여 명의 면민들이 모여 있었습니다. 4월 3일은 조선총독부가 지정한 '식수(植樹) 기념일'. 일제의 감시망을 피해 사람들을 모으기 딱 좋은 날이었습니다. 이석기 면장은 오전에 나무 심는 행사를 진행하고 오후에는 면민들의 수고를 위로한다고 탁주까지 제공했습니다.

면민들은 이미 서울에서 시작된 3·1 만세운동 소식도 접하고 있었습니다. 이웃한 임실군 둔남면의 경우 3·1 운동 초기부터 치열하게 항일운동이 전개된 것도 면민들은 알음알음 알고 있었습니다. 이석기 면장이 제공한 탁주에 주기(酒氣)가 오름과 함께 면민들도 새삼 비분한 기분에 빠져들었습니다. 이때였습니다. 면장 이석기가 일어나 독립을 외쳤습니다.

"내가 (조선의) 덕과 면장이다."

"역사가 없는 저 몽고(蒙古)도 독립을 선언하고 미약한 저 파란(波蘭)도 민족 자결주의를 주창하거든, 신성 자손 아 조선민족이랴! 자에 우생이 면장의 직을 사하고 만강진성(滿腔眞城)을 나아어 조선 독립을 고창

(高唱)하옵니다."

이석기 면장은 이날을 위해 미리 격문까지 준비했습니다. 격문에는 "구(舊) 남원군 덕과면장 이석기"라고 했습니다. 자신은 더 이상 일제의 면장이 아니라는 것이었죠. 이석기의 호소에 800여 명의 면민들이 호응해 외치는 만세소리는 온 산을 진동하게 했습니다. 돌발적인 상황에 현장이 있던 일제 헌병소장은 당황했습니다. 대응은커녕 함성에 기가 질려 몸 둘 곳을 몰라했습니다.

이석기와 면민들은 남원-전주간의 큰길로 나서 헌병분견소를 향해 뚜벅뚜벅 전진했습니다. 행진 도중 사율리에서 길가 오백룡(吳伯龍)의 집 지붕 위에 올라가서 위에서 인용한 '경고 아 동포 제군'이라는 격문을 소리 높여 낭독했습니다.

헌병대의 움직임도 빨라졌습니다. 금세 무장을 갖춘 헌병대가 자동차를 타고 시위대 앞에 나타났습니다. 이석기는 일제 헌병을 향해 "내가 덕과면장이고 내가 다 주동했소. 다른 사람들은 건드리지 마시오"라고 외쳤습니다.

다음날은 남원 장날이었습니다. 다시 만세시위는 진행됐고 일제헌병은 총을 난사해 수십 명의 사상자를 냈습니다. 이후 남원에서는 면장 6명과 면서기 7명이 사표를 내던졌습니다.

만세운동 외면한 충북의 면장들

이석기 면장 외에도 경남 하동군 적량 면장 박치화 등 여러 명의 면장들이 사표를 제출하고 만세시위에 참여합니다. 하지만 기록을 살펴보면 충북 지역 면장들은 만세시위를 철저히 외면합니다. 알량한 권력욕과 일제에 대한 두려움으로 만세운동 참여자를 밀고하는 '자제회', 혹은 '자제단'의 구성원이 됩니다. 이러한 면장들의 행태와 일제의 부역기구인 면사

일제 경찰에 체포된 삼일운동 참가자(왼쪽)와 피해자들(오른쪽). 충북에서는 시위대의 해산을 종용하는 면장이나 직원의 행위에 격분해 면사무소를 습격하는 경우가 많았다. (사진출처 : 독립기념관)

무소에 대해 만세운동 참여자들은 지탄을 금치 못합니다. 분노한 만세운동 참여자들은 면장의 집을 찾아가 참여를 종용하거나 면사무소를 습격합니다.

1919년 4월 2일 충북 음성군 대소면 오유리 뒷산에서 만세시위가 전개됩니다. 정부의 '공훈전자사료관' 기록에 따르면 이곳의 만세운동은 박병철을 비롯해 민병철(閔丙哲)·박영록(朴永祿)·박제성(朴濟成) 등이 만세운동 계획을 추진함으로써 시작되었습니다.

4월 2일 대소면사무소에는 1000여 명의 면민들이 모였습니다. 이들은 미리 준비해 간 선언서와 태극기를 배포하면서 독립선언식을 거행하고 만세시위를 전개하였습니다.

공훈전자사료관에 따르면 이때 면장과 면직원이 시위의 해산을 종용합니다. 이에 격분한 시위대는 두 차례에 걸쳐 면사무소의 유리창과 의자들을 부수고 기구, 장부 등을 파손시키면서 격렬한 투쟁을 벌였습니다. 또한 시위를 탄압하는 일경에 대하여 육탄전을 벌여 일경에 중상을 입혔으며, 면사무소를 불 지른 다음 뒷산에 올라 밤이 새도록 독립만세를 외쳤습니다.

　조선총독부 및 소속관서 직원록에 따르면 당시 대소면장은 장성교(張聲敎)로 1924년까지 면장을 지낸 것으로 기록돼 있습니다.

만세운동 해산 종용한 대소 면장

　1919년 4월 2일 당시 충북 진천군 만승면(현 광혜원면) 만세운동에 참여한 200여 명의 면민들은 면사무소에 찾아갑니다. 윤병한을 선두로 해서 모인 군중들은 면사무소에 이르자 면서기에게 "너희들은 한국 사람이니 같이 군중에 참가하여 만세를 부르라"고 외칩니다. 이들이 거부하자 군중은 혹은 면사무소에 돌을 던지고 유리창 등 시설을 파손합니다.

　같은 날 진천군 백곡면에서 수백 명의 시위대가 도망가던 남기석 면장을 붙잡습니다. 이들은 강제로 면장에게 태극기를 들게 한 뒤 앞장을 세웁니다.

　1919년 4월 1일 충북 괴산군 장연면사무소 앞에도 수백 명의 군중이 모였습니다. 이들은 면사무소 앞에서 독립선언서를 낭독하고 면사무소를 부숩니다. '공훈전자사료관' 자료에 따르면 이때 파기된 면사무소의 서류가 때마침 강풍에 날려 이웃인 연풍면(延豊面)과 상모면(上芼面)까지 날아갔다고 합니다. 면사무소를 습격한 만세시위군중들은 이후 면장 사택을 습격합니다. 조선총독부직원록에 따르면 당시 장연 면장은 임준상(林浚相)으로 1930년까지 면장직을 수행합니다.

　1919년 4월 1인 음성군 소이면 한천 장터에는 장날을 기해 1000여 명의 군중이 모입니다. 이들은 만세를 부르며 소이면사무소로 진출합니다. '공훈전자사료관'의 기록에 따르면 면장인 민병식(閔秉植)으로 하여금 시위에 가담케 하고 독립만세를 부르게 합니다. 특이한 것은 조선총독부직원록에 따르면 1919년 당시 음성군 소이면장은 민동식(閔東植)으로

광복군 대원들의 서명이 들어있는 태극기. 독립운동에 투신하거나 만세시위에 가담한 사람들에게 동족의 배신과 친일부역은 일제의 탄압보다 뼈아픈 것이었다.(사진출처 : 독립기념관)

기재돼 있습니다. 국립대전현충원 홈페이지 애국지사 김순길(金順吉)의 공훈록에는 당시 소이면장은 민동식(閔東植)으로 표기됩니다.

충북 괴산군 소수면사무소도 만세시위대에 피습됩니다. 1919년 4월 2일 괴산군 소수 면민 500여 명은 옥현리에 있는 면사무소를 습격하기 위해 몰려갑니다. 그런데 이전 정보가 미래 새어나가 일경의 무력저지를 받아 중단됩니다. 이날 밤 만세시위대 300여 명은 다시 면장 집을 습격합니다. 독립운동사에 따르면 소수 면장 김승환은 집을 습격한 시위대와 함께 만세를 부른 것으로 전해집니다. 조선총독부 직원록에 따르면 당시 면장은 김승환(金昇煥)으로 다음 해 이창규(李昌珪)로 교체되는데 이창규는 1934년까지 무려 15년 동안 면장 직을 수행합니다.

1919년 4월 3일 음성군 감곡면의 만세운동을 주도한 송석봉은 감곡면 문촌리 응봉산에서 횃불을 올리고 독립만세를 외칩니다. 다음날 4일 송석봉은 감곡면사무소 뒤편의 묘포(苗圃)에서 일하는 사람들을 감독하기 위해 온 면서기에게 함께 독립만세를 부를 것을 요구합니다. 이 일로 송석봉은 체포되어 1919년 5월 28일 공주지방법원 청주지청에서 소위 보안법 위반으로 징역 6월을 받고 옥고를 치렀습니다.

충북 영동군 학산면에선 면사무소에 있던 뽕나무가 불태워집니다. 1919년 4월 3일 저녁 8시경 학산면민 200여 명이 면사무소로 몰려갑니다. 이들은 면민들에게 일제가 강제로 나누어 주려던 뽕나무 2만 8000여 그루를 뽑아서 태워버립니다.

만세운동에 참여한 충북의 면서기

면장들이 3·1 만세운동을 외면했다면 반대로 적극적으로 참여한 면사무소 직원들도 있습니다.

충북 지역 최초라고 평가되는 괴산군의 만세운동은 홍명희가 주도했습니다. 1919년 3월 19일 홍명희는 괴산읍 장날을 기해 만세운동을 거행합니다. 이날 모인 군중만 수천 명으로 알려져 있습니다.

다음 장날인 3월 24일 만세운동은 다시 진행됩니다. 이날의 만세운동은 홍명희의 동생 홍성희가 주도한 것으로 전해집니다. 이때 만세운동은 괴산면사무소 서기 구창회(具昌會), 소수면 서기 김인수(金仁洙) 등과 의논하고 거사를 단행한 것으로 전해집니다.

일본의 재판기록에는 "홍성희와 구창회는 공모하여 3월 24일 괴산 장날에 한국 독립만세를 불러 독립운동을 하자고 군중을 선동하여 한국독립운동을 시작하였다"라고 돼 있습니다.

소수면 서기 김인수에 대해서는 "면서기의 신분이면서 3월 19일경 괴산시장에서 한국독립운동을 하여 괴산경찰서에서 훈계 방면되었다. 24일 다시 홍성희·구창회와 같이 독립운동 중 홍성희가 경찰서에 체포됨을

분개하여 모자를 휘두르며 대한독립만세를 부르라고 군중을 선동하여 독립운동을 시작하였다"라고 돼 있습니다.

1919년 4월 1일 오후 8시경 청주시 북이면사무소 면서기로 있던 김정환은 북이면 신대리 앞산에서 김호상(金浩相)의 주도로 전개된 독립만세 시위에 참가합니다. 김정환은 이날의 만세시위에 참가하였다가 일경에 체포됐고 1919년 5월 13일 공주지방법원 청주지청에서 소위 보안법 위반으로 태(笞) 90도(度)를 받았습니다.

만세운동을 주도한 김호상도 김정환과 마찬가지로 북이면사무소 면서기였습니다. 만세운동으로 일경에 체포된 김호상은 1919년 5월 13일 공주지방법원 청주지청에서 소위 보안법 위반으로 징역 10월형을 언도받아 공소를 제기하였으나 6월 25일 경성복심법원에서 기각되었고, 고등법원에서도 기각돼 1년여의 옥고를 치렀습니다.

제7부

제천 지역의 친일 잔재

박달재를 울고 넘는 이유는 따로 있다
반야월, 일제하 〈일억 총진군〉, 〈결전 태평양〉 등 노래로 군국 찬양

일억 총진군(一億總進軍)

작사 : 반야월 / 노래 진남방 (반야월의 예명)

나아가자 결전이다 일어 나거라
간닌부쿠로(堪忍袋)의 줄은 터졌다
민족의 진군이다 총력전이다
피 뛰는 일억일심(一億一心) 함성을 쳐라
싸움터 먼저 나간 황군(皇軍) 장병아
총후(銃後)는 튼튼하다 걱정 마시오
한 사람 한 집안이 모다 결사대
아카이타스키(赤い)에 피가 끓는다
올려라 히노마루(日の丸) 빛나는 국기
우리는 신의 나라 자손이란다
임금께 일사보국(一死報國) 바치는 목숨
무엇이 두려우랴 거리끼겠소
대동아(大東亞) 재건이다 앞장잡이다
역사는 아름답고 평화는 온다

민족의 대진군아 발을 맞추자
승리다 대일본은 만세 만만세

※간닌부쿠로 : 인내를 담은 주머니. 더 이상 참을수 없는 상태를 나타내는 일본식 표현
※아카이타스키 : 소집영장을 받고 입대하는 사람이 두르는 붉은 어깨띠
※히노마루 : 일장기

가사 말이 참 소름 돋습니다. "올려라 일장기. 빛나는 국기… 앞장잡이다." 반야월(1917~2012, 본명:박창오)이 작사한 〈일억 총진군〉이란 노

충북 제천시 박달재에 설치된 박달재노래비와 신일행위 단죄문.

랫말입니다. 가사만 보아도 이 노래가 어떤 노래인지 뻔히 드러납니다. 반야월이 한때 어떤 일을 했는지도 분명합니다. 노랫말 표현대로 일제의 '앞장잡이'였습니다. 작곡가 박시춘과 가수 이난영과 함께 한국가요계의 '3대 보물'로 평가받는 이가 만들고 불렀다고 믿기엔 너무 노골적입니다.

1942년 반야월은 〈일억총진군〉외에도 일제의 군국가요인 〈결전태평양〉을 작사합니다. 뿐만 아니라 진남방이란 예명으로 〈조국의 아들-지원병의 노래〉와 〈일억 총진군〉을 직접 부르기까지 합니다. 1943년에도 〈고원의 십오야〉를 노래했습니다. 하지만 이런 사실은 잘 알려져 있지 않습니다. 반면 반야월이 작사한 〈단장의 미아리고개〉, 〈유정천리〉, 〈울고 넘는 박달재〉, 〈아빠의 청춘〉, 〈무너진 사랑탑〉, 〈소양강처녀〉를 모르는 사람은 거의 없을 정도로 유명합니다.

박달재 노래비 뒷면 비문. '우리 고장의 노래임을 자랑하는 마음'으로 노래비를 세운다는 뜻이 담겨 있다.

박달재에 세워진 친일 음악인의 노래비

2016년 3월 19일 충북 제천시 백운면에 위치한 박달재 고개 정상에 사람 키보다 조금 큰 안내판 하나가 세워졌습니다. 안내판의 제목은 '가수 반야월의 일제하 협력행위'입니다.

안내판을 세운 주체는 제천의병유족회와 민족문제연구소 충북지부 제천·단양지회. 이 단체는 2016년 3월 19일 제천시 백운면 박달재 노래비 인근에 '반야월의 일제하 협력행위 단죄비' 제막식을 진행했습니다. 행사를 주관한 민족문제연구소 제천·단양지회 관계자는 "박달재 노래를 통해 전국에 제천의 명소로 알려지게 한 역할은 인정한다. 하지만 친일 행적도 제대로 알려져야만 후세에 올바른 역사관을 심어줄 수 있기 때문에 안내판을 만들게 됐다"고 설치 이유를 밝혔습니다. 단죄비에는 반야월의 약력과 그가 남긴 친일가요, 대표적 친일 노래인 〈일억 총진군〉의

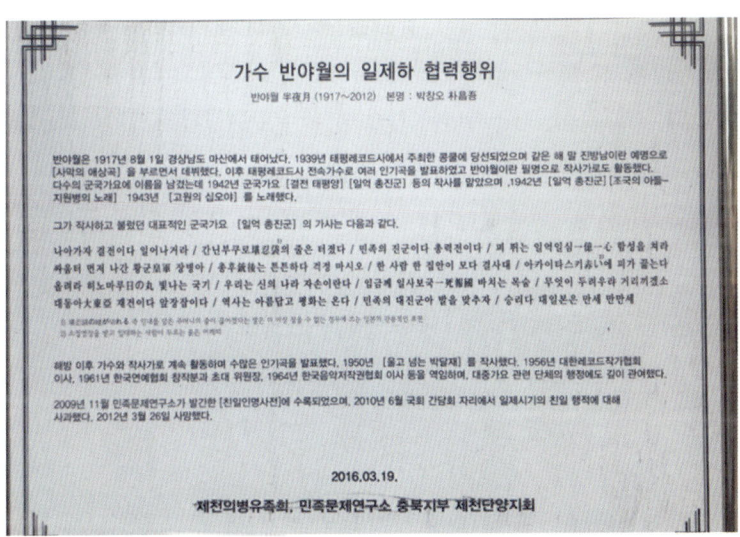

가수 반야월의 친일협력 행위를 명시한 안내판. 그의 약력과 친일가요, 내표적 신일 노래인 〈일억 총진군〉의 가사 등이 담겨 있다.

가사 내용 등이 담겨 있습니다.

사실 이 안내판은 '박달재 노래비'가 없으면 이곳에 들어설 이유가 없었습니다. 반야월은 해방 직후인 1948년 〈울고 넘는 박달재〉의 노랫말을 지었고 이 노래는 큰 반응을 얻습니다. 그러자 1988년 제천의 한 민간봉사단체가 지역을 알린 공로를 인정해 노랫말을 적은 박달재 노래비를 건립했습니다.

이 단체는 노래비 뒤편에 "인간은 역사와 함께 노래 속에서 살아왔다"며 "영원히 애창되고 사랑받는 인기 높은 이 노래는 국민의 심금을 언제고 울리리라. 충북을 대표하는 우리고장의 노래임을 자랑하면서 노래를 사랑하는 젊은이들의 뜻을 모아 이 돌에 새긴다"고 적었습니다.

2012년 제천시는 본격적인 반야월 선양사업에 나섭니다. 2012년부터 10억원의 예산을 들여 백운면 평동리 705번지 일원 1650㎡의 터에 건축면적 200㎡ 규모의 '반야월기념관' 건립을 추진하기도 했습니다. 하지만 반야월 작사가의 친일행적이 불거지면서 기념관 건립이 부적절하다는 여론이 확산됐습니다. 2014년 취임한 이근규 당시 제천시장은 의병의 고장이라는 역사성을 강조하면서 친일 인사 기념관 건립에 반대입장을 밝혔습니다.

결국 제천시가 '반야월기념관' 건립 백지화를 선언하자 이미 2013년 건립 공사를 6억여 원에 낙찰받은 S건설이 반발하고 나섰습니다. S건설은 손해배상청구소송을 제기했고 청주지법은 2016년 9월 5일 제천시가 S건설에 6200만원을 배상하라는 화해 권고를 확정했습니다.

반야월 노래비에 소송 건 유족

그의 친일행적을 생각한다면 설치되지 말았어야 할 반야월 노래비. 하지만 반야월이 작사한 노래를 기념하기 위해 건립된 노래비는 뜻밖의 소송에 휘말립니다.

 2016년 1월 반야월의 유족 일부가 법률대리인을 통해 전국 6곳에 건립된 노래비와 동상이 반야월이 작사한 가사와 제목을 무단으로 사용해 어문저작권을 침해했다며 손해배상 소송을 제기한 것이죠. 위탁대리인 측이 요구한 소송청구액은 총 1억 4250만 원으로, 제천시에 소재한 울고 넘는 박달재 노래비에 대해서는 1500만원을 청구했습니다.

 이 외에도 서울 성북구(단장의 미아리고개 노래비), 서울 금천구·충남 태안군(만리포 사랑 노래비)과 한국수자원공사(소양강 처녀상) 등에는 각각 1500만원을 청구했습니다.

 이에 대해 반야월의 차남 박인호 씨는 언론과의 인터뷰에서 셋째누나가 유족들의 동의 없이 소송을 제기한 것으로 나머지 형제들은 이 소송을 원치 않는다고 해명했습니다.

 어쨌든 일부 유족들도 원치 않는 반야월 노래비. 그리고 그 옆에 초라하게 서있는 '반야월 친일행적 안내표지판.' 기묘한 동거는 여전히 현재진행형입니다.

제8부

청주 지역의 친일 잔재

충북문화관에 남은 **왜색**을 보는 눈
명치 연호에 다다미방…건물 미화하고 '일본 도지사관사' 설명도

일본 전통적 주거양식인 다다미방 : 다다미는 유까라고 하는 나무로 된 바닥에 접을 수 있는 깔개를 깔았던 것에 유래하여 접는다는 뜻에서 파생되었다. 일본 전통가옥의 마루에 까는 짚으로 된 매트리스라 할 수 있는데, 보온과 방습의 효과를 높여준다.

도코노마 : 객실에 다다미 한 개 너비를 확보하여 바닥을 한단 높인 곳 정면의 벽에는 족자를 걸도록 만든 장치로 일본 주택의 상징.

2010년 6월까지 역대 충북도지사 관사로 사용했던 충북문화관 내부 구조에 대한 안내문입니다.

충북도지사 옛 관사는 이시종 현 지사가 2010년 개방하기로 결정한 뒤 현재는 충북문화관으로 이름을 바꾸고 시민들이 문화 쉼터로 사용되고 있습니다. 옛 도지사 관사였지만 충북문화관 곳곳에는 친일의 잔재가 고스란히 남아 있습니다. 이곳이 개방되기 전까지 시민들은 도지사 관사가 일본식 다다미방으로 돼 있는지 알지 못했습니다.

그런데 여기서 드는 의문점. 한국인 충북도 지사가 사는 관사에 왜 굳이 일본식 주거양식인 다다미방을 만들었을까요? 충북문화관의 설명에

1939년 지어진 옛 충북도지사 관사 내부. 일본 전통 주거양식인 다다미방으로 되어 있다.

옛 충북도지사 관사 내부 복도.

충북문화관에 남은 왜색을 보는 눈 149

따르면 이 관사를 지은 사람은 김동훈 충북도지사라고 했는데 말입니다.

충북도지사 이름이 히라마츠 소콘?

옛 충북도지사 관사를 개방하면서 이시종 지시 명의로 생긴 비문에는 이렇게 적혀 있습니다.

> 여기는 일제 강점기인 1939년 김동훈(金東勳) 도지사 시절 충청북도 지사 관사로 건립되어 伊藤泰彬(이등태빈), 平松昌根(평송창근) 도지사 등 6명의 도지사와 1945년 8월 15일, 미군정 수립 당시 황인식 도지사 등 2명의 도지사, 그리고 1948년 8월 15일 정부수립 이후 2010년 6월까지 윤하영 도지사 등 28명의 도지사 중 71년간 36명의 역대 도지사들이 거주하던 공간이었다.

대수	이름	임기
초대	스즈키 다카시 (鈴木隆)	1910년 10월 1일 ~ 1916년 3월 28일
2대	유혁로 (柳赫魯)	1916년 3월 28일 ~ 1917년 6월 13일
초대	장헌식 (張憲植)	1917년 6월 13일 ~ 1921년 2월 12일
2대	요네다 진타로 (米田甚太郞)	1921년 2월 12일 ~ 1923년 2월 24일
3대	박중양 (朴重陽)	1923년 2월 24일 ~ 1925년 3월 31일
4대	김순정 (金淳晶)	1925년 3월 31일 ~ 1926년 8월 14일
5대	한규복 (韓圭復)	1926년 8월 14일 ~ 1929년 11월 28일
6대	홍승균 (洪承均)	1929년 11월 28일 ~ 1931년 9월 23일
7대	남궁영 (南宮營)	1931년 9월 23일 ~ 1935년 4월 1일
8대	김동훈 (金東勳)	1935년 4월 1일 ~ 1939년 4월 26일
9대	유만겸 (兪萬兼)	1939년 4월 26일 ~ 1940년 9월 2일
10대	윤태빈 (尹泰彬)[4]	1940년 9월 2일 ~ 1942년 10월 23일
11대	이창근 (李昌根)[5]	1942년 10월 23일 ~ 1944년 8월 17일
12대	박재홍 (朴在弘)[6]	1944년 8월 17일 ~ 1945년 6월 16일
13대	정교원 (鄭僑源)	1945년 6월 16일 ~ 1945년 8월 15일

일제강점기 충북도 지사

일제강점기 시절 충북도 지사 관사가 세워진 사실을 비로소 알 수 있습니다. 그런데 김동훈은 알겠는데 한자로 쓰여진 伊藤泰彬(이등태빈), 平松昌根(평송창근)은 누구일까요? 네 글자로 되어 있는 것으로 봐서 일본사람으로 추정되지요? 하지만 伊藤泰彬(이토 야스야키타이빈 : 창씨개명 전 윤태빈), 平松昌根(히라마츠 소콘 : 창씨개명 전 이창근)은 조선사람입니다.

히라마츠 소콘, 이창근은 누굴까요?《친일반민족행위 진상규명 보고서》에 따르면 이창근은 조선인 최초로 1923년 일제 고등문관고시에 합격한 인물입니다. 고등관은 주임문관 시험해 합격해 일 천황에 의해 직접 임명받는 관료를 지칭합니다. 보고서에 따르면 합격자들은 견습기간을 거쳐 군수 혹은 도청의 과장급인 이사관으로 관료생활을 시작합니다.

보고서에 따르면 1923년 이창근을 시작으로 1943년 고등문관시험이 폐지될 때까지 조선인 합격자수는 140명에 불과합니다. 정우택 국회의원의 부친인 정운갑 씨도 1943년 고등문관고시에 합격한바 있습니다.

충북도지사 관사를 지을 당시 도지사인 김동훈의 일본식 이름은 무엇일까요?《친일반민족행위 진상규명 보고서》에는 김동훈의 일본식 이름이 '金原邦光(카네하라 쿠니미쓰)'라고 언급됩니다. 어찌되었든 친일반민족진상위규명위원회는 일제강점기 조선총독부가 임명한 김동훈 충북도 지사에 대해 친일반민족행위자로 규정하고 그의 친일 행위를 기록해 두었습니다.

김동훈은 일제강점기의 도지사로서 일제에 부역하는 것 이외에도 각종 언론에 글을 기고하는 등 친일행각을 펼쳤습니다. 김동훈은 "내선일체의 국민적 신념을 하나로 해서 자원의 개발과 산업의 발전 촉진에 전력을 기어하여 생업보국의 지성을 완성하지 않으면 안 된다"(〈경성일보〉1937년 9월 15일 5면)거나 "노력을 세을리 하면 국민정신총동원을 준비하는 것이 불가능하기 때문에 우리들을 비상시에 임하는 공복으로 중임을 새롭게 깊이 인식하고…"(《친일반민족행위 진상규명 보고서》Ⅲ-267~68쪽)란 글을 쓰는 등 적극적으로 친일에 가담합니다.

출생만 조선인이고 마음은 일본인인 일제강점기 조선총독부 충북도지사. 이들이 지은 관사인 만큼 왜색을 띠는 것은 하나도 이상하지 않죠. 충북도지사 관사에 왜 다다미방이 있는지 이제 이해가 되셨을 겁니다.

'조선총독부 충북도지사'와 현 충북도지사는 한뿌리?

2012년 9월 이시종 지사는 충북도지사 관사를 폐지하고 현 충북문화관으로 개관하면서 "일제통치의 잔재인 도지사 관사를 청산하고 충북 문화·예술의 혼이 서린 충북문화관으로 중수하여 도민이 주인인 열린 공간으로 2012년 9월 개관하였다"라고 밝힙니다.

일제의 통치 잔재를 청산한다고 했지만 여전히 혼란스럽습니다.

일제는 강제합병 이후 관찰사로 불렸던 직제를 '도장관'으로 변경합니다. 1917년 일제는 다시 '도장관'이란 명칭을 도지사로 바꿉니다. 이렇게 생겨난 도지사란 명칭은 해방 이후에도 그대로 사용됐고 현재까지 사용됩니다.

문제는 일제강점기 충북도지사와 대한민국 정부 수립 이후의 충북도지사의 개념이 정확히 구분되지 않고 사용된다는 데 있습니다. 그렇다 보니 일제강점기 충북도지사가 제대로 구분되지 않고 대한민국 충북도지사의 역사선상에서 사용됩니다.

비문에는 "1939년 김동훈 도지사 시절부터(2010년까지) 71년간 36명의 역대 도지사들이 거주하던 공간이었다"고 적혀 있습니다. 일제강점기 17년 동안 조선총독부로부터 임명된 6명의 친일부역 도지사가 대한민국 정부 수립 이후의 충북도지사와 동급 대우를 받은 것이죠.

일제강점기 조선총독부가 관사를 신축하면서 남긴 상량식 기록물.

　이곳 충북문화관에는 일제강점기 조선총독부 충북도지사의 친일 행적이에 대한 별도의 설명이나 안내도 전혀 없습니다. 오히려 최초 건립 당시 상량식 자료를 그대로 번역해 놔서 혼란을 더 가중시킵니다.

　충북문화관에는 현재 일제강점기 조선총독부 충청북도 장관 관사 상량식과 이·개축 상량식에 사용돼 보관된 2개의 기록문이 그대로 전시 소개되고 있습니다. '충청북도 장관 관사 상량식'에는 일제에 의해 임명된 충북도장관 스즈키 다카시(鈴木隆)의 이름과 함께 '명치 45년 7월 12일'이라고 번역해 놨습니다. 스즈키 다카시의 이름은 한문으로만 적어 있어 조선인인지 일본인지조차 쉽게 알 수 없습니다. 제국주의 일본 연호인 명치(明治)에 대해서도 아무런 설명을 해 놓지 않았습니다.

　마찬가지로 '충청북도지사관사 이·개축 상량식' 설명 자료에도 충북도지사 김동훈이란 이름과 함께 소화(昭和) 연호를 그대로 기재해 놨습니다. 친일잔재를 청산한다고 하면서도 제국주의를 상징하는 일본연호를 아무런 설명 없이 그대로 기재한 것이죠. 마찬가지로 친일잔재인 다다미방에 대해서도 왜 이 방이 생기기 되었는지에 대해선 아무런 설명도 없습니다.

일본 도지사 관사라고? … 황당한 일본어 안내서

충북문화관내 비치된 충북문화관 일본어 안내서의 내용은 더 황당합니다.

충북문화관이 제작한 A4용지보단 조금 큰 4단 접이식 해설서에는 '지역대표 문화인 전시실'이라며 '문화의 집'을 소개합니다. 그러면서 이곳을 '日 道知事 官事'(일 도지사 관사)라고 표기합니다.

일본어 안내문은 충북문화관에 대해 "일본 도지사 관사인 문화의 집은 일본의 전통적인 다다미방으로 서양 건축양식이 융합된 독특한 건축양

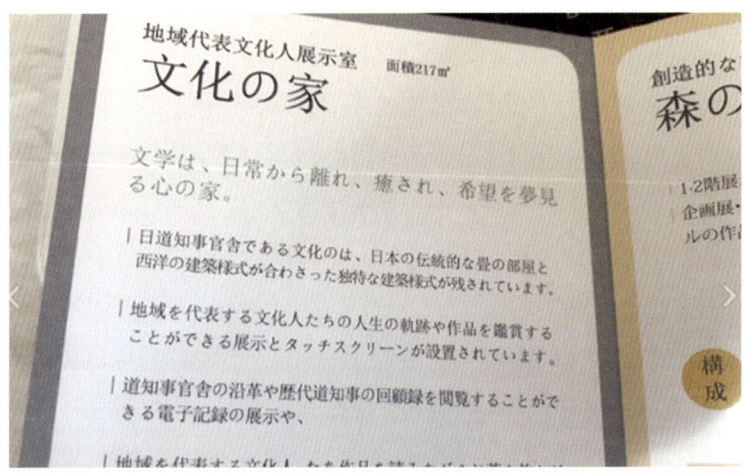

충북문화관의 일본어 안내문. '일 도지사 관사'라는 설명이 보인다. 독특한 건축양식에 대한 설명만 있고 이런 양식이 이곳에 생긴 이유는 설명하지 않는다.

식으로 남겨져 있다"고 설명합니다.

충북문화관을 소개하면서는 "1939년에 설립되어 71년간의 역사가 살아 숨 쉬는 충북도지사관사가 민선 5기에 들어와 도민이 자유롭게 이용할 수 있는 창조적이고 미래지향적인 문화예술의 공간으로서 다시 태어났다"고 소개합니다.

그러면서 "근대문화유산(등록 제353호)인 충북문화관은 역사와 건축적인 상징성을 가지고 있고, 과거와 현재와 미래가 공존하는 공간"이라고 설명합니다.

일본어 안내문 표현대로라면 이곳은 분명 일본 도지사 관사라고 해석됩니다. 충북문화관이 일본어로 번역하면서 잘못 표기하거나 굳이 넣지 않아도 될 일본을 지칭하는 '日'자를 넣었을 수 있지만 '일본의 도지사 관사'라는 표현은 잘못된 것입니다.

충북도 충북문화관은 '과거와 현재와 미래가 공존하는 공간'이라고 하지만 청산되지 못한 과거가 오늘을 지나 미래로 향하는 공간은 아닌지 돌이켜볼 시점입니다.

상아탑 충북대에 부활한 **김학응** 송공비
일제 강점기 보은·옥천 군수··· 3·15 부정선거 가담으로 징역

"광복된 새 나라에 이 대학 만년대계를 위하여··· 김(학응) 지사는 조국의 동력이 되는···"(충북대학교 대학이전 김학응(충북도)지사 송공비 中에서)

민족문제연구소가 펴낸 《친일인명사전》에 수록된 김학응(金鶴應, 창씨개명 金子薰 / 1989~?) 전 충북도지사. 김학응은 도무지 '광복된 새 나라'라는 표현과는 어울리지 않는 사람입니다.

김 씨는 일제강점기 시절 조선총독부 충청북도 내무부 학무과를 시작으로 1940년 보은 군수를 지냈고, 이후 옥천 군수를 지내는 등 조선총독부 관리로 승승장구한 인물입니다.

해방이 됐지만 일제에 부역해 성공적인 관료를 지낸 경력은 아무런 문제가 되지 않았습니다. 해방 후 미군정하에서 충청북도 내무국 지방과장을 지냈고 1955년 9월부터 1958년 7월까지 충북도 지사, 1958년 7월 29일부터 1960년 4월 30일까지 충남도 지사를 지냈습니다.

김 씨는 충북도 지사로 재직할 때인 1953년 충북도가 보유하고 있던 청주시 개신동 토지 23만평을 충북대학교 부지로 제공합니다. 이것을 계기로 충북대학교 부지에 김 씨에 대한 송공비가 세워집니다. 천년만년 갈

것 같았던 김 씨의 송공비는 1960년 4·19 혁명 과정에서 땅속에 묻히는 수모를 당하게 됩니다.

파묻었던 송공비, 2008년 다시 꺼내 세워

1960년 김 씨는 충남도 지사로 재직하며 이승만 정권의 3·15 부정선거에 적극 가담합니다. 이에 분노한 충남 도민들은 김 씨의 사퇴를 요구하며 시위를 진행합니다. 결국 4·19 혁명으로 이승만 정권이 붕괴되고 이후 김 씨는 부정선거에 관여한 혐의로 재판에 회부됩니다.

1961년 2월 27일 동아일보 보도에 따르면 김 씨 등은 업자들로부터 받은 당시 돈 2500만환 중 600만환을 자유당 도당 위원장에게 제

충북대학교 야외박물관에 서 있는 김학응 송덕비. 김 씨는 일제강점기 조선총독부 고위관료로서 옥선 군수, 보은 군수를 지냈다. 민족문제연구소가 펴낸 《친일인명사전》에 등재돼 있다.

1961년 2월 27일 동아일보 보도기사. 김학응 씨는 이승만 정권의 부정선거에 가담한 혐의로 기소돼 징역3년에 집행유예 5년을 선고받았다. (사진 : 국사편찬위원회 홈페이지 캡처)

공한 혐의를 받았습니다. 이후 1961년 10월 13일 열린 재판에서 김 씨는 징역 3년에 집행유예 5년 판결을 선고받습니다.

이 과정에서 충북대학교가 김 씨의 송공비를 땅에 파묻은 것으로 전해집니다. 1960년 4·19 혁명 이후 김 씨가 3·15 대통령 부정선거에 개입한 인사에 포함되면서 민주당 감사가 내려온다는 소문이 전해졌고, 충북대학이 송공비를 땅속에 묻었다는 것이죠. 하지만 김 씨의 송공비는 2008년 당시 임동철 충북대학교 총장의 지시로 다시 햇빛을 보게 됩니다.

자발적 친일부역자의 대명사격인 일제하 고위관료를 지낸 김학응 전 충북도지사. 그는 친일경력에도 불구하고 그것으로 인해 처벌을 받은 적이 없습니다. 겨우 민족문제연구소가 펴낸 《친일인명사전》에 등재됐을 뿐입니다.

김 씨는 민주주의를 훼손한 대표적인 사건인 3·15 부정선거에 가담해

형사처벌을 받았습니다. 친일행적과 민주주의 파괴자로 땅속으로 들어갔던 김 씨의 송덕비는 지성의 전당이라는 충북대학교에서 햇빛을 받으며 유유히 충북대학교 교정을 바라보고 있습니다.

일본의 신사신앙과 **천지신단비**
일제 관변단체가 설치… 가경동 발산공원 등 곳곳에 남아

 청주시 가경동 발산공원에는 앙가주망 시인으로 거침없는 풍자와 해학·역설의 시 세계를 펼쳤던 문의 출신의 신동문 시비가 건립돼 있습니다. "서울도/해 솟는 곳/동쪽에서부터/이어서 서 남 북/거리거리 길마다/손아귀에/돌 벽돌알 부릅쥔 채/떼 지어 나온 젊은 대열/아! 신화같이/나타난 다비데群들"로 시작하는 신동문의 시 〈아! 신화 같은 다비데 군들〉은 4·19 혁명을 노래한 시 가운데에서도 백미로 꼽힙니다.
 신동문 시인은 또 〈내 노동으로〉라는 시에서 "내 노동으로/오늘을 살자고/결심을 한 것이 언제인가./머슴살이하듯이/바친 청춘은/다 무엇인가."라고 노래했죠. 자본에 이끌려 하는 노동을 '머슴살이'로 규정하고 '내 노동으로 살자고 결심한' 것으로 보아 그는 '떠내려가는' 삶이 아니라 주체적인 삶을 갈망한 것으로 읽어도 좋을 것입니다.
 유흥가가 밀집돼 있는 고속터미널 뒷골목 뒤에 고즈넉이 자리잡은 발산공원의 신동문 시비는 박정희 정권시절 긴급조치 9호로 연행돼 조사를 받은 뒤 절필하고 단양으로 내려간 그의 삶과 묘하게 일치합니다.
 신동문의 시비를 지나 공원 정상부에 오르면 또 하나의 비가 등장합니다. 바로 '천지신단비'(天地神壇碑)입니다. '천지신단' 이 단어의 뜻은 무엇일까요? 모든 것을 다 알려준다는 인터넷 백과사전에도 나와 있지 않

청주시 가경동 발산공원에 세워진 발산마을 유래비와 천진신단비. 천진신단비 기단에는 무궁화가 새겨져 있다.

습니다. 한자로 굳이 해석해 풀어보면 '하늘과 땅의 신에게 제사를 지내는 기단 비석' 정도가 될까요? 천진신단비 옆에 있는 '발산마을 유례비'(유래비가 맞는 표현이다— 편집자)는 이렇게 쓰여 있습니다.

> 충효를 바탕으로 80여년 전 부터 마을의 안녕과 풍년을 비는 천지신단은 매년 제사를 지내오고 있는 마을 비입니다. 1996년 들어 신시가지가 조성되어 주민의 뜻을 모아 후손에게 옛고을 발산마을의 유래를 전하고져 이곳 공원에 마을 유례비를 세웁니다. 1997. 5.

비문만 보면 '유례'와 '유래'를 혼동해 표기할 정도로 깊이는 낮습니다. 이곳 천지신단비와 유래비의 기단부분에는 모두 대한민국 국화인 무궁화 문양이 새겨져 있습니다.

호국영령 기리는 충혼탑 입구에도 건립

천지신단비는 가경동 발산공원 외에도 청주시내에 두 군데에 더 존재합니다.

국가보훈처 지정 현충시설인 사직동 충혼탑. 전몰군경 및 호국용사의 위혼을 기리기 위해 1955년 10월 건립됐죠. 충혼탑 맞은편에는 "이곳은 조국과 민족을 위하여 산화하신 호국영령을 모신 곳이오니 경건한 마음으로 참배하여 주시기 바랍니다"란 문구가 새겨진 비석이 따로 있습니다.

충혼탑으로 들어가는 입구 계단 옆에도 또 하나의 비석이 충혼탑과 태극기를 바라보고 있습다. 이 비의 이름도 '천지신단비'. 이 비에 대해 강태재 전 충북참여연대 대표는 이 비를 '짝퉁 천지신단비'라고 설명합니

청주시 사직동 충혼탑 밑에 세워진 천지신단비.

다. 강 전 대표는 "이것은 일종의 짝퉁이다. 일제가 1935년에 조성했던 천지신단이 없어진 그 자리에 다시 세운 것이다. 1970년대의 일이라고 하는데, 누가 언제 무슨 까닭으로 다시 세웠는지는 아직 파악되지 않았다"고 밝혔습니다.

청주시내에 남아있는 또 다른 천지신단비는 충북대학교 야외 박물관에 있습니다. 대학은 이 비에 대해 2012년까지만 하더라도 "고대의 제정일치시대(祭政一致時代)에는 나라마다 천신(天神)에게 제사를 올리는 천군(天君)이 있으며, 그 제를 올리는 제단이 생기게 되었다. 보통 단(壇)에는 '천지신단(天地神壇)'이라는 글자가 음각으로 새겨져 있으며 붉은 칠을 하였다"라며 조선시대 것으로 설명하는 안내판을 설치했었는데요.

지금은 개발로 없어졌지만 청주시 용정동 이정골에도 '천지신단비'가 있었습니다. 2012년 〈디지털청주문화대전〉은 용정동에 있었던 신당이

충북대학교 야외박물관에 있는 천지신단비.

라 정의하면서 "청주시 용정동 이정골에서는 매년 음력 정월 동제를 지 냅니다. 동제는 천제당에서 먼저 제사를 올린 후 산제당으로 내려와 산신제를 지내고, 마지막으로 마을 앞에 있는 선돌에 장승제를 지낸다"고 소개합니다.

천지신단이 조선 고유의 전통이라고?

충북대학교 야외박물관 천지신단비는 지금도 존재하지만 안내판 문구는 바뀌었습니다. 안내판에는 "이 비는 원래 사직동 충혼탑 입구에 있었던 것으로 일제가 미신 타파를 명분으로 설립을 강제하였는데, 사실은 경외의 대상인 자연신을 내세워 조선 농민의 정신을 통일하고 장악하기 위한 식민지 농촌 사상 통제 정책의 산물이다"라고 설명문이 변경됐습니다.

그러면서 "일제는 이 비의 설치 장소와 크기, 조경방식과 춘추제전방식까지 제시하였는데 1930년대 농촌진흥이라는 미명하에 자행된 총력적인 농촌통제 양상을 잘 보여준다"고 덧붙여 설명합니다. 천지신단비가 조선시대 것이라는 설명에서 한 순간 1930년대 일제의 잔재라고 설명을 바꾼 것이죠.

국립중앙도서관 자료검색에서 '천지신단'이란 단어를 검색하면 1934년 11월 12일자 조선총독부의 기관지였던 〈매일신보〉의 기사가 검색됩니다. 기사의 제목은 '영동군회동에서 천지신단을 봉건 /다른 미신을 타파하고저 추성감사제 거행'입니다.

기사에는 "영동군 영동면 회동리 진흥회에서는 소화 7년 10월경에 동리 후록(뒷산기슭)에 천지신단을 봉건하고 (받들어 짓고) 동리민이 천지신명에 감사한 생각을 가지어 정신적 통일과 타숭신(다른 신을 숭상함)의 미신은 철폐되어 매우 좋은 성적을 얻었으며 1년에 춘추 양기로 분하

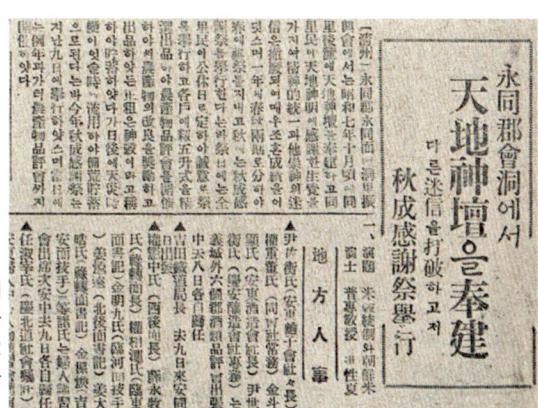

영동군 영동면 회동리에 천지신단비를 세웠음을 알리는 1934년 11월 12일자 〈매일신보〉 기사(출처 : 국립중앙박물관)

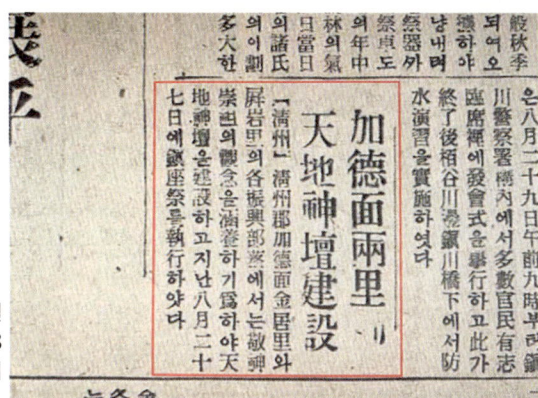

가덕면에 천지신단비 설치를 알려주는 1935년 8월30일자 〈매일신보〉 기사.

청주시 가경동(기사에는 가경리) 천지신단비 건립을 알리는 1935년 11월 6일자 〈매일신보〉 기사.

야(봄가을 둘로 나누어) 춘에 단제를 지내고 추에는 추성감사제를 거행한다"고 돼 있습니다.

여기서 '소화'는 일본왕의 연호인 '쇼와'(昭和)의 한자식 발음으로 1932년에 해당합니다. 〈매일신보〉의 기사에 따르면 1932년 10월 경 영동군 영동면 회동리에 처음으로 천지신단이 세워진 것이죠. 설립 목적은 정신적 통일과 다른 신을 숭상하는 미신을 타파하는 것입니다. 기사에서 지칭된 '다른 신을 숭배하는 것'은 조선의 풍습의 의미합니다. 천지신단을 설립한 단체는 '회동리 진흥회' 입니다. 여기서 진흥회는 일제가 관변단체로 세운 '농촌 진흥회'를 지칭합니다.

일제치하, 미신타파와 천지신단비

천지신단비에 대한 두 번째 보도가 나온 것은 1935년 8월 30일. 〈매일신보〉는 '가덕면 양리에 천지신단건설'(加德面兩里에 天地神壇建設)이란 제호의 기사를 보도합니다.

기사에는 "청주군 가덕면 금거리와 병암리 진흥부에서 경신숭조(敬神崇祖)의 관념을 도모하기 위하야 천지신단을 건설하고 지난 8월 27일에 진좌제(鎭坐祭)를 행하얏다"라고 돼있습니다. 여기서 '경신숭조'라는 단어는 일본의 신사신앙과 연관되는데요.

2010년 8월 진행된 '조선총독부의 종교정책과 종교계의 대응'이란 주제로 문화학술원 일본학연구소가 주최한 국제학술심포지엄에서 모모야마가쿠인대학 아오노 마사아키 교수는 "'심전개발운동'에는 '경신숭조(敬神崇祖)'의 신사신앙과 '종교부흥'을 통한 조선인의 신앙심 향상이라는 '이중구조'의 성격이 내재해 있었다"며 "'유사종교(類似宗敎)'는 '미신'으로 치부되어 국체관념에 위험시되는 대상으로서 탄압받았다"고 주장했습니다. 경신숭조(敬神崇祖)의 신사신앙을 바탕으로 미신타파를 위해 천지신단비를 세웠다는 것이죠.

'천지신단비=경신숭조'의 신사신앙

〈매일신보〉는 1935년 11월 6일 '가경리 진흥회서 천지신단 건립'이란 제목의 기사를 보도합니다.

기사에는 "청주군 사주면 가경리는 진흥회부인회원 등을 통한 전 부락민의 일치단합 근로호애의 정신의 ○래한 결정으로 동리민은 누년래에 없던 풍작을 정하였음으로 이를 기념하기 위하여 당지(가경리) 진흥회의 발기로 천지 신단을 건립하고 다음달 20일에 제막식을 거행하기로 되었다는데 더욱 동일의 제막식을 일층의의 깊게 하고자 동신단에 헌곡하는 기회를 기하여 농산품평회를 개최하고 일전농작물(일반 농작물)은 물론 가축 가금 ○산품 부업산품 등을 진열하여…"라고 되어 있습니다.

공교롭게도 청주시 가덕면, 가경리, 영동면 등 모두 천지신단비의 설립 주체는 '(농촌)진흥회'네요. 일제가 관변단체로 설립한 농촌진흥회는 일제가 식민 지배체제를 공고히 하기 위해 촌락 단위로 설치한 관제단체 중 하나입니다. 농촌진흥 운동을 촌락 단위에서 효율적으로 관철시키는 것을 목적으로 설립한 거죠.

일제 식민권력이 자신의 의지를 식민지 주민에게 관철시키는 경로는 군대와 경찰에 의한 물리적 지배, 조선총독부→도부읍면·町洞→주민으로 이어지는 행정적 지배, 경제단체(농회, 금융조합, 산업조합)를 통한 경제적 지배, 반관반민(半官半民)의 관제단체(儒道會, 부락진흥회, 국민정신총동원조선연맹 등)을 통한 사회적 지배, 학교를 통한 이데올로기적 지배 등을 통해서였습니다.

이제 결론은 간단해졌습니다. 조선총독부의 기관지였던 〈매일신보〉의 보도만 보더라도 청주지역에 분포하고 있는 천지신단비는 우리 고유의 풍습과 관련없는 일재의 잔재라는 것입니다.

이 문제를 오래전부터 제기한 충북참여연대 강태재 전 대표는 "천지신단비는 일제의 잔재물에 불과하다"라며 "천지신단비의 의미도 잘 모르고 그것을 다시 세운 우리 역사의 부끄러운 자화상이다"라고 말합니다. 이어 "일제 때 세워진 건 그것도 역사이니 만큼 역사교육의 장으로 사용돼야 하고 해방 이후 세워진 짝퉁 천지신단비는 철거해야 한다"고 강조합니다..

강태재 전 대표의 말처럼 호국영령의 근처에서, 대한민국의 국화인 무궁화 기단 위에 세워진 천지신단비가 누리는 호사는 당장 사라져야 할 부끄러운 유산입니다.

총독부 악질 면장이 '초대 면장'으로

오창읍사무소, 정운회·김규빈 사진 걸어놓고 추앙

호칭이 같다고 해서 조선총독부의 관료가 대한민국의 관료가 될 수는 없습니다. 대한민국의 정통성은 상해임시정부에 있지 조선총독부에 있지 않다는 것은 너무나 분명한 사실이니까요. 하지만 이런 사실을 모르는 사람들이 있습니다.

청주시 청원구 오창읍사무소 2층 회의실엔 일제강점기 조선총독부가

청주시 오창읍사무소는 일제강점기 시절 조선총독부가 임명한 7명의 면장이 사진을 게시하면서 초내 변상과 5대 면장으로 소개했다.

임명한 두 명의 면장 사진이 전시돼 있습니다. 1923년부터 1932년까지 조선총독부 오창면장을 지낸 정운회(鄭雲會)와 1933년부터 해방 때까지 면장을 지낸 김규빈(金奎斌)의 사진입니다. 사진에는 현 오창면의 초대 면장과 5대면장이라고 표기돼 있습니다.

"면장의 악정에 못 이겨, 선조의 오래된 땅을 이별"

일제강점기 조선총독부의 면장은 강제공출, 지원병과 위안부 모집 등 민중을 수탈하는 업무를 수행했던 사람입니다.

오창읍사무소가 초대 면장이라고 사진을 걸어놓고 추앙하고 있는 이들의 행적은 어땠을까요? 국사편찬위원회가 제공하는 '한국사데이타베이스'를 통해 확인한 결과 조선총독부 오창면장 정운회에 대한 기사 하나가 눈에 띕니다.

1925년 1월 23일 〈시대일보〉는 '면장의 악정에 못이겨, 선조의 고토를 이별'이라는 제목의 기사를 보도합니다. 기사의 부제목은 '가산을 팔고 남부녀대한 수백 군중은 갈 곳이 어데, 안전지대를 찾는 오창면민'이라고 돼 있습니다.

조선총독부 오창면장 정운희의 악행을 고발하는 1925년 1월 23일자 시대일보 기사. 〈면장의 악정에 못이겨, 선조의 고토를 이별〉이라는 제목의 기사를 통해 정운회의 악행을 비판했다

기사 내용을 요약하면 이렇습니다. 1920년 초에 오창면 도암평에 수해가 나 큰 피해가 발생했습니다. 수해가 발생한 땅의 주인이 바로 조선총독부 오창 면장인 정운회였습니다. 정운회는 청주식산은행 지점에서 당시 돈 8만 원을 빌려 제방공사를 합니다. 자기 땅의 수해복구를 위해 제방공사를 한 것이죠. 정운회는 자기 토지의 제방공사를 해놓고 이해관계가 전혀 없는 오창의 토지주들에게 조선총독부로부터 보조금을 받을 것이라며 동의서에 도장을 찍으라고 강요합니다.

하지만 토지주들은 이를 거부합니다. 주민들이 반발하자 정운회는 수백 명의 토지주들을 학교에 모아놓고 강제로 도장을 찍게 합니다. 그렇게 해서 만든 서류를 가지고 제출했지만 조선총독부는 이를 각하합니다. 그러자 정운회는 다시 수방계(水防契)라는 단체를 만들어 조선총독부에 돈을 타내려 하지만 이 또한 제대로 되지 않습니다. 그러자 정운회는 오창면의 토지주에게 제방공사비라는 명목으로 납입고지서를 발부하고 혹독하게 독촉합니다.

정운회의 악정(惡政)에 견디다 못한 오창면의 토지주들은 땅을 헐값에 내놓고 고향을 떠납니다. 〈시대일보〉는 100여 원 하는 토지를 80원에 내놓았다고 소개합니다.

일본인에게 넘어간 오창면 토지

토지가 헐값에 매물로 나오자 일본인들이 이 토지를 대거 사들입니다. 〈시대일보〉는 그 결과 토지 전부가 일본인 소유로 넘어갔다고 소개합니다.

오창읍사무소가 제5대 면장으로 소개한 김규빈에 대한 자료는 남아 있는 것이 거의 없습니다. 조선총독부 면장으로 있으면서 김규빈이 일제에 어떤 방식으로 부역했는지 자세히 알기는 어렵습니다.

청주시 오창초등학교에 일제강점기 시절 오창면장을 지낸 김규빈의 공적을 기리는 송덕비가 세워져 있다. 송덕비 뒷면 일제연호 '소화'로 추정되는 글자가 지워져 있다(오른쪽 동그라미 안).

조선총독부가 임명한 오창 면장 김규빈에 대한 남아있는 기록물이 하나 있는데요. 오창초등학교 교정 한쪽에는 그의 송덕비(頌德碑)가 현재까지 남아 있습니다. 비석의 앞면에는 '면장 김공규빈송덕비'라고 새겨져 있고 뒷면에는 그의 공덕을 표시하는 내용이 새겨져 있습니다.

송덕비가 건립된 지 오래됐지만 상태는 단 두글자만 빼고 매우 양호합니다. 비석 뒷면에는 설립시기를 표시하는데 두 글자가 지워지고 '十五(15)년 七(7)월'이라는 글자만 남았습니다.

일제는 새로운 천황이 등극할 때마다 새 연호를 사용합니다. 일제강점기 시절 명치, 대정, 소화라는 연호가 사용됐습니다. 김규빈의 군수 재임

기관을 감안하면 지워진 글자는 소화(昭和: 일본식 발음 쇼와)로 추정됩니다. 소화는 1926년 처음 사용됐는데 소화 15년이면 1940년입니다. 그런데 소화란 글자는 왜 지웠을까요? 바로 일제강점기 조선총독부의 면장이었다는 사실을 알 수 있는 흔적이니까 지웠을 것이라고 추측됩니다.

일제강점기 면장을 지낸 김규빈의 송덕비는 오창초등학교 내에 있습니다. 오창초등학교 교문에는 마침 3·1운동 100년을 기념하는 현수막이 걸려있습니다. 현수막에는 "3·1운동 100년, 들꽃처럼 피어난 역사의 새봄"이라는 문구가 들어가 있습니다.

아! 오창읍사무소에만 일제강점기 면장의 사진이 있는 것은 아닙니다. 청주시 청원구 내수읍사무소에도 1938년부터 해방 때까지 7년 동안 면장을 지낸 이규필(李圭珌)의 사진이 걸려 있습니다.

대한제국 주사에서 총독부 **고등관**으로
청주시 북이면사무소, 문의군수 지낸 오영전 기념비 보전

충청북도 11개 시·군을 상대로 정보공개청구를 했습니다. 각 시·군에 속한 읍·면사무소에 일제강점기 시절 군수나 면장을 지낸 인물들의 사진이 게시되어 있거나 공덕비 같은 것들이 있는지 공개해 달라는 내용이었습니다.

청주시 청원구에서는 각 읍·면사무소에 확인 과정을 거쳐 일제강점기 시절 총 3명의 면장 사진이 사무소에 게시되어 있다고 답변했습니다. 이에 따르면 내수읍사무소에 이규필(1938년 4. 2~1945. 8~15), 오창읍 사무소에 정운회(1923. 1. 1.~1924. 8. 1.), 김규빈(1933. 10. 31.~1945. 8. 14.) 등 조선총독부의 면장 사진이 걸려 있습니다.

미세먼지가 기승을 부리던 3월 3일 청주시 청원구 북이면 사무소에 들렀습니다. 북이면사무소에 일제강점기 시절 면장의 사진이 없다고 정보공개 답변을 했던 터라 사실 여부를 확인해 보기 위해서였습니다.

북이면사무소 2층 로비에는 다른 읍·면사무소 처럼 역대 면장들의 사진이 걸려 있었습니다. 아! 그런데 어디서 본 듯한 사진이 눈에 띕니다. '초대(면장) 이규필(1948. 8. 31.~1946. 2.5 .)'이라고 표시된 인물입니다.

이규필은 누굴까요? 바로 앞장에 나오는 〈총독부 악질 면장이 '초대 면장'으로〉에서 소개한 조선총독부 내수면장 이규필과 동일인물입니다. 물

청주시 북이면사무소(좌측)와 내수읍사무소(우측)에 걸려 있는 역대 면장 사진. 두곳 모두 일제 강점기 조선총독부가 임명한 면장의 사진이 걸려 있다.

론 사진도 똑 같습니다.

무관심 속에 살아 있는 오영전 기념비

청주시 북이면사무소 부지를 살펴봤습니다. 면사무소 귀퉁이에는 6·25 참전용사에 대한 기념비가 서 있습니다. 그 뒤로 성인 가슴 높이까지 되는 비석 하나가 보입니다. 가까이 가서 보니 '종칠위오공영전기념비'(從七位吳公永田記念碑)라고 적혀 있습니다. 풀이하면 '종7위에 오른 오영전 공의 기념비'가 됩니다.

뒷면에는 그의 행적을 기록한 비문이 남아있습니다. 조선총독부의 관료면 대부분 직책이 남아있는데 직책은 없고 '종7위' 라는 비문만 있는데 과연 비석의 주인공은 누구일까요? 궁금증은 두 가지 힌트를 통해 풀 수 있었습니다. 우선 비석의 양식이 일제강점기 시절 조선총독부 관료들의 비석과 겉 모양이 똑같습니다. 두 번째는 비의 건립시기를 알려주는 곳의 글자 두 개가 쪼아져서 알아볼 수 없게 되어 있었습니다. 일제강점기 조선총독부 관료들의 공덕비에서 볼 수 있는 공통점이죠.

충북 청주시 오창초등학교에 보전돼 있는 조선총독부 북일 면장 김규빈의 비석도 일제의 연호인 '소화'란 글자가 쪼아져서 알아볼 수가 없게

청주시 북이면사무소 내에 보전돼 있는 조선총독부 북이면장 오영전의 기념비. 기념비에는 '종7위 오영전 기념비'라고 새겨져 있다.

오영전(吳永田)의 행적

〈대한제국직원록〉
1908년 농상공부 본청 대신관방 문서과 주사

〈조선총독부소속관서직원록〉
1910~1913년 문의군수
1919~1931 청주군 북이면장

〈경제관련 : 조선은행회사조합요록(朝鮮銀行會社組合要錄)〉
1927~1933년 내수금융조합(內秀金融組合)

오영전 기념비(왼쪽)와 오창읍 오창초등학교에 보전돼 있는 김규빈의 공덕비 뒷면. 모두 일제의 연호로 추정되는 글자를 알아볼 수 없게 지운 흔적이 있다.

돼 있었습니다. 이쯤 되면 오영전이란 사람이 일제시대 벼슬을 했을 가능성이 매우 높아졌습니다.

조선인이 오를 수 있는 사실상 최고위 간부

오영전(吳永田, 1866~ ?)에 대한 기록을 살펴보니 조선총독부 시절 그의 관직 경력이 화려했습니다.

〈조선총독부 및 소속관서 직원록〉에 따르면 오영전은 1910년 문의 군수(현 문의면, 당시 충북도는 18개 시·군으로 구성돼 있음)로 나옵니다. 조선총독부관보를 확인해보니 1914년 3월 5일자로 군수직에서 면직됩니다.

국사편찬위원회가 공개한 〈대한제국 직원록〉에 따르면 오영전은 조선총독부의 군수가 되기 전 대한제국의 관료였습니다. 이에 따르면 1908년 오영전은 농상공부 본청 '대신관방 문서과 주사'였습니다. 1910년 병합 직전 충북의 18개 군의 군수는 다음과 같습니다.

청주 신창휴, 충주 서회보, 청풍 김기계, 괴산 심규택, 보은 신태완,
옥천 신현구, 문의 오영전, 진천 권병필, 청산 이관구, 황간 김홍규,
영동 임연상, 청안 이탁응, 제천 정내현, 단양 경훈, 음성 목원학,
영춘 원대규, 회인 박초양, 연풍 조두환.

이들은 대한제국의 군수였지만 1910년 일제의 강제병합 이후에 조선총독부의 군수 자리를 거부한 사람은 단 한 명도 없었습니다. 1910년 10월 1일 조선총독부 개설과 함께 이들은 모두 조선총독부의 군수로 변신한 것이죠. 오영전은 이때 군수가 되면서 1910년 10월 26일자로 조선총녹부로부터 '종7위'의 직에 임명됩니다. 이런 사실은 조선총독부관보에

기재돼 있습니다.

오영전이 자리에 오른 '종7위'라는 조선총독부의 관직은 어떤 자리일까요? 박한용 전 민족문제연구소 교육홍보실장은 '종7위'라는 직제에 대해서 다음과 같이 설명합니다.

> 조선인 관리가 최상위에 오를 수 있는 자리는 대체로 고등관(지금의 사무관에 해당한다)인 군수였다.(중략) 고등관이 되기만 하면 그 아래인 '판임관 관료'가 아무리 나이가 많더라도 그 앞에 머리를 조아리지 않을 수 없으며, 모든 사회적, 경제적 지위가 일거에 보장되었다. 고등관과 판임관의 구별은 매우 엄격해 고등관은 '사족' 취급을 받았고, 판임관은 일반 평민과 신분상으로는 차이가 없었다. 고등관은 기차를 타더라도 3등칸이 아니라 2등칸 이상을 탔으며, 고등관의 부인은 '옥상'이란 일본 칭호가 붙었고, 판임관의 부인은 '오카미상'으로 불렸다. 한마디로 특권층이었다. 군수를 포함한 조선인 고등관이야말로 지위나 직무상 일제가 조선을 식민통치하는 데 핵심적으로 가담한 부류였으며, 이들의 협력 없이 일제의 식민통치는 불가능했다. (민족문제연구소 박한용 : 경향신문 2010. 815 / 기사제목 : 부끄러운 역사 친일 '미완의 청산')

1914년 2월 28일자 조선총독부관보에 따르면 오영전은 1914년 3월 5일부로 군수 직에서 면직됩니다. 하지만 이후 1919년부터 1931년까지 북이면장을 수행합니다. 일제강점기 시절 언론 보도에 따르면 일본의 개천절에 해당하는 기원절에 표창을 받기도 합니다. 또 1927년부터 1933년까지 내수금융조합장을 지내기도 합니다.

지난 3월 1일 청주시 북이면에서도 3·1운동 100주년을 기념하는 행사가 민족대표 33인 중 하나인 손병희 선생 생가에서 진행됐습니다. 1919

년 당시 오영전은 북이 면장이었습니다. 당시 조선총독부는 만세운동을 저지하기 위해 각 지역 면장 등을 앞세워 '자제단', '자제회' 등을 만들어 3·1 만세운동 지도부와 참여자를 밀고하게 하는 등 악행을 일삼았습니다.

과연 오영전이 3·1 만세운동에 어떤 입장을 취했을까요? 일제에 부역하지 않았다면 과연 1931년까지 면장을 계속 할 수 있었을까요?

3·1 만세운동 100주년을 기념하는 함성이 북이면에서도 재현됐습니다. 면사무소에 버젓이 보전되고 있는 '(조선총독부) 종7위 오영전 기념비'에 대해 우리는 뭐라고 말해야 할까요?

삼일운동을 맹비난한 **민영은**의 묘
'친일재산 국가 귀속' 판결 후 2017년에야 이장

불령도배(不逞徒輩)란 단어가 있습니다. 요즘은 잘 사용되지 않는 단어입니다. '불령'이란 현재의 정치나 사회제도에 대해 불평을 갖고 따르지 않는다는 것을 말합니다. '도배'란 무리란 뜻입니다.

올해는 3·1운동 백주년을 맞은 해입니다. 1919년 3·1운동을 계기로 상해임시정부가 수립됐고, 대한민국은 상해임시정부를 계승했다고 헌법에서 명시하고 있습니다. 3·1 운동을 부정하면 결국 대한민국을 부정하는 것이나 매 한가지입니다. 그런데 3·1 운동에 참가한 지도부를 '불령도배'라 부르고 만세시위를 '경거망동'이라 비하한 단체와 인물이 있습니다. 이들은 심지어 만세운동을 조직하거나 참여하려고 하는 사람들의 일제 경찰에 밀고해야 한다는 회칙까지 두었습니다. 그 단체의 이름은 '청주 자제회'.

1919년 4월 15일 조선총독부의 기관지 〈매일신보〉는 청주에서 '청주 자제회' 결성 소식을 자그마치 세 꼭지나 보도합니다. 〈매일신보〉는 우선 "3·1 독립운동을 억제하고 한일 양 국민의 상호융화를 목적으로 하는 자제회가 청주에서 조직되었다"며 "발기인은 청주유지 민영은, 안동정, 원광한, 방선혁, 한성교 등"이라고 보도합니다.

이어진 기사에서는 결성 배경과 목적을 설명합니다. 〈매일신보〉는 청주자제회의 출범을 전하는 1919년 4월 15일자 매일신보 기사(위). 3·1 만세운동 지도부를 '불령도'라 칭하고 참가자를 밀고한다는 청주자제회 회칙을 두었다.

"(청주자제회는) 근자 각지 소요(3·1운동을 지칭)로 인하여 불온한 거동이 종종 나타날 뿐 아니라 사상자가 많다 하니 실로 유감"이라고 소개합니다. 그러면서 "사상자 중에는 혹은 진짜 불령도배도 있을지나 일부는 온전히 다른 사람의 유혹이나 협박에 여하야 (만세운동에 참여하였다)"라며 "불령도배가 조선독립을 운위하고 혹은 문서로 간접으로 양민을 유혹 협박하고 있다"는 청주자제회 설립 취지를 설명합니다.

청주자제회의 회칙과 행동강령

〈매일신보〉는 마지막으로 '청주자제회 회칙'을 보도하는데 그 내용이 정말 가관입니다. 이에 따르면 제1조는 "본회는 내선인의 융화를 도모하고 겸하여 경거망동에 인하여 국민의 품위를 상함이 없기를 상호 자제함을 목적으로 함"이라고 되어 있습니다.

제2조는 가입대상을 규정하고 있는데 "본 회원은 금회의 소요(3·1운동)를 진제(鎭制:진압하고 자제함)하고 양민을 보호하며 불령도를 배제함에 힘쓸 자로 함"이라고 했습니다.

제3조는 행동강령에 해당합니다. 이에 따르면 "본 회원은 군내 각호에 취하여 단단히 그 경거망동을 경계하고 불령도배의 유혹 또는 협박에 불응하고 만일 불온한 행동을 감히 하고자 하는 자가 있음을 발견할 시에는 곧바로 이를 경무 관헌에게 통지케 할 자로 함"이라고 되어 있습니다.

제 나라 제 동포를 밀고하겠다는 것인데 이쯤 되면 조직폭력배보다 더한 행동강령입니다. 이들 조직은 조선총독부의 비호 아래 청주뿐만 아니라 충북도내 각 읍·면·리까지 촘촘한 조직망을 갖춥니다.

청주자제회는 사무실을 당시 청주군청에 두고 각 면에 지부를 설치했습니다. 청주자제회를 중심으로 그해 8월까지 충북 각 군에 조직을 완성합니다. 청주 2만여 명 등 충북도 내에서 7만여 명을 가입시키고 3·1 만세운동의 확산을 저지합니다.

대지주 민영은, 청주자제회장 수행

민영은(閔泳殷, 1870년~ 1943년 12월 20일)은 일제강점기 시절 충북도내에서 1·2위를 다투는 손꼽히는 대지주였습니다.

해방 직후 충북도 내 대지주 현황은 이승우(수필가·전 충청북도운수연수원장)씨가 《도정 반세기》에 인용한 서울대 논문자료에서 확인할 수 있습니다. 해방 후 농지개혁 과정에서 '충북도내 20정보 이상 피분배 지주 명단'을 보면 김원근·영근 형제가 설립한 학교재단 '대성학원'이 401정보로 가장 많았습니다.

이어 국가 봉토가 많았던 충북향교재단 183정보, 민영은의 아들 민주식이 129정보, 청원군 오송리 이

농지개혁 당시 피분배 5대 지주 명단

성 명	피분배농지(정보)	보석석(正租, 석)
대성학원	401.7	14,485
충북향교재단	183.9	5,759
민주식	129.6	4,419
은성장학회	88.2	3,959
민병철	105.5	3,273

용구 116정보, 민영은 장손자인 민병철 씨 105정보, 민영은이 설립한 은성장학회 88정보 순으로 집계됩니다.

여기에 손자 민병각, 민병혁 씨 피분배 토지까지 합치면 민영은 후손들이 분배받은 토지는 400정보에 달해 김원근·영근 형제와 쌍벽을 이룰 만한 것으로 확인됩니다.

대지주였던 민영은의 친일 행적도 화려합니다. 우선 위에서 언급한 청주자제회의 발기인과 회장을 수행했습니다. 민영은은 대한제국의 관리로 공직을 시작합니다. 대한제국 당시 괴산 군수와 청주 군수를 지냈지만 일제의 병합 이후 노골적인 친일행적을 시작합니다. 조선총독부 관선 충북 평의원, 도회의원을 지냈고 나중에 일제의 귀족 작위 다음가는 것으로 알려진 중추원 참의까지 오릅니다.

민영은은 중일전쟁 이후 '황군의 사기를 고무 격려하고…, 총후(銃後)의 임무를 완성함'을 목적으로 조직한 친일단체 조선군사후원연맹의 지부인 충북군사후원연맹에서 부회장 직을 수행합니다.

〈매일신보〉 1937년 8월 18일 '애국기 '충북호' 충북서 헌납결의 / 민영은씨의 일만원을 필두로 성금 벌써 육만여원'이란 제하의 기사에는 민영은 씨가 일제에 1만원을 헌납했다는 보도가 나옵니다. 그렇게 친일 행적을 펼친 결과 1935년 일제로부터 '조선공로자명감' 353명 중 한 사람으로 기록됩니다.

〈조선총독부 조선공로자명감〉에는 민영은에 대해 "충청북도 청주의 거인으로 충북 제일의 지자(智者)요 인자(仁者)로, 아울러 충북에서 최고의 부호"라고 기재합니다. 또 일본 천황이 베푸는 잔치에 초대되어 천은에 감읍하였다고도 적혀 있습니다.

친일파 후손들의 반격, 땅 찾기 소송

앞서 언급했지만 민영은은 충북에서 1·2위를 다투는 대지주였습니다. 그 땅은 그대로 그의 후손들에게 대물림 됩니다. 하지만 지난 2005년 12월29일 '친일반민족행위자 재산의 국가귀속에 관한 특별법'이 제정되면서 상황이 달라집니다. 민영은의 후손에게 증여됐던 토지 일부에 대해 '친일반민족행위자 재산조사위원회'가 환수결정을 내린 것입니다.

2007년 청주지방법원은 민 씨의 후손 4명이 공유하고 있던 청주시 상당구 대성동 109-4번지, 4만274.4㎡에 대한 정부의 반환신청에 대한 가처분을 받아들입니다. 2007년 당시 '상당산성 친일재산환수 시민위원회' 위원장이던 김경태 전 청주시의원이 조사한 결과 민영은이 국유지를 넘겨받은 과정도 석연치 않은 것으로 나타났습니다.

김 전 의원이 2007년 당시 확보한 토지원부에 따르면 이 땅은 1920년 국유지였으나 1921년 충북도로 관리권이 넘어갔고 1936년 민영은이 소유권을 차지한 것으로 나타납니다. 해방 이듬해인 1946년 민영은의 아들이 상속 이전 했다가 1997년 손자 3명의 명의로 소유권이 이전됩니다.

이에 대해 당시 김경태 전 시의원은 〈충청리뷰〉와의 인터뷰에서 "당초 국유지였던 땅이 1936년 청주신사 건설비로 민영은 씨가 2500원을 기부한 해에 소유권이 바뀌었다"고 설명합니다.

이 땅은 결국 2010년 4월 9일 국가로 귀속됩니다. 해당 토지 등기부등본에는 등기원인으로 '1936년 6월 4일 국가귀속'이라고 되어 있습니다.

1936년 민영은 소유로 이전한 그 자체를 부정한 것이지요.

하지만 여기서 끝난 것이 아닙니다. 당시 '친일반민족행위자 재산조사위원회'는 민영은이 1914년부터 1920년 사이에 취득한 땅에 대해서는 환수대상에서 제외시켰습니다. 재산조사위원회는 "민영은이 일제가 준 직위를 갖기 이전에 취득한 것은 환수 대상이 되지 않는다"라고 판단한 것입니다.

제외된 토지는 모두 12필지, 1천894.8㎡로 필지 당 3.3㎡에서 많게는 709.8㎡ 규모였습니다. 청주 도심인 청주중학교와 중앙초등학교, 서문대교, 성안길, 상당공원 인근에 있는 이들 '알짜배기' 토지에는 현재 도로가 개설돼 있습니다.

그의 후손들은 이 땅을 돌려달라며 청주시를 상대로 소송을 제기했습니다. 1심 재판부는 민영은의 후손의 손을 들어줬습니다. 하지만 2013년 11월 열린 항소심에서는 친일파 후손이 낸 소송을 기각하고 청주시의 손을 들어줬습니다.

항소심 재판부는 "'친일반민족행위자 재산의 국가 귀속에 관한 특별법'에 근거해 일본이 1904년 대한제국 정부와 '한일의정서'를 강제로 맺고 조선에 대한 주도권을 행사하기 시작한 러일전쟁 이후 친일 행위로 취득한 재산은 국가에 귀속돼야 한다. 민 씨 재산도 국가에 귀속돼야 한다"고 판결했습니다.

결국 민영은 후손들이 대법원상

민영은 후손들이 제기한 토지반환 소송 승소를 기념해 청주시민이 세운 동판.

고를 포기하면서 소송은 일단락 됐지만 이를 저지하기 위해 수많은 사람들의 노력이 들어갔습니다. 시민단체 외에도 학생들까지 나서서 길거리 서명운동을 진행했고, 많은 시민들이 집회를 개최하는 번거로움을 겪어야 했습니다.

국가 땅에 남아있던 친일파의 묘, 결국 이장

그래도 풀리지 않은 문제가 있었습니다. 2010년 국가로 귀속된 청주시 상당구 대성동 109-4번지(현 당산공원)에 민영은의 묘가 남아 있었습니다. 묘의 크기도 컸을 뿐더러 이곳에는 친일전력으로 얼룩진 민복기 전 대법원장이 직접 쓴 추모비문이 새겨져 있는 비석도 세워졌습니다. 민영은의 친일행적과 일제 때 관직은 빼놓고 대한제국의 관직만 비석에 새겼습니다. 친일행적에 대해 눈 가리고 아웅한 것이지요.

2007년 당시 친일반민족행위자 분류 재산환수 대상으로 됐을 때 민영은 씨의 후손은 "공원부지에 있는 큰 할아버지(민영은)와 양부의 묘소를 유지관리해 주는 조건만 충족된다면 언제든 (청주시에) 기증할 수 있다"고 말하기도 했습니다.

자진해서 묘를 이전할 생각이 없었던 것입니다. 청주시 당산공원 부지가 2010년 국가에 귀속되면서 일부에선 친일파의 묘를 국가소유의 땅에 두어서는 안된다며 이장을 요구해야 한다는 주장도 제기됐습니다. 하지만 청주시는 이에 대해 별다른 조치를 취하지 않았습니다.

2019년 3월 11일 청주시 당산공원에 있는 민영은의 묘를 찾았습니다. 그런데 민영은의 묘가 있던 자리에 있던 여러 개의 석물과 기단, 심지어 봉분까지 모두 사라지고 없었습니다. 동사무소에 확인 결과 2017년에 해당 부지에 묘 이장(개장)신고가 접수됐고, 그 이후에 묘가 이전된 것입니다.

청주시 당산공원에 있었던 거물 친일파 민영은의 묘(위). 2010년 토지가 국가에 귀속됨에 따라 국유지가 된 후 2017년에야 묘를 이전했다. 아래 동그라미 안이 민영은.

하지만 이런 사실을 아무도 몰랐습니다. 묘 이장(개장) 신고를 받은 청주시가 이 사실을 공개하지 않았기 때문입니다. 아니 청주시가 공개하지 않은 것이 아니라 몰랐을 수도 있습니다. 묘 이전을 위한 개장신고는 일선 동사무소에서 전결 처리되는데 이 사실이 청주시 본청으로 전달이 안 됐을 수도 있기 때문입니다.

청주 앵마장(櫻馬場)을 아시나요?
일제시대 조성된 청주벚꽃, 진해보다 유명…도청엔 벚꽃 문양도

앵마장(櫻馬場)으로의 청주냐! 청주의 앵마장(櫻馬場)이냐? 청주를 알고 앵마장을 모를 자 없는 만큼 그 이름이 높은 청주! 앵마장의 앵화(櫻花)도 날로 시간으로 그 눈은 크고 봉오리는 붉어서 봄을 자랑한다.(1932년 4월 16일 / 매일신보)

벚꽃이 흐드러지게 날리는 4월입니다. 무심천의 벚꽃도 며칠 있으면 활짝 핍니다. 봄을 맞은 청주 시민들은 무심천과 우암산에 피어있는 벚꽃을 맞으러 나오겠지요.

일본인들은 벚꽃을 한자어로 앵화(櫻花)라고 표기합니다. 살구나무 '앵(櫻)'자인데 벚나무도 '앵'자로 같이 사용합니다. 벚꽃이 일본 국화(나라꽃)라고 알고 있을 수 있는데 이는 사실이 아닙니다. 일본의 나라꽃은 따로 정해진 것은 없고 다만 일본 황실이 '국화'를 상징으로 사용할 뿐입니다.

벚꽃이 일본의 국화는 아니지만 일본인이 가장 사랑하는 꽃이라는 사실은 분명합니다. 그래서인지 일본인들은 일제강점기 시절 조선에 들어와 전국 곳곳에 벚꽃을 식재합니다. 청주 앵마장의 유래는 이렇게 시작합니다. 일본인들은 자신들이 유난히 좋아하는 벚꽃이 피어 있는 길을 따라 말을 타며 거닐 수 있는 곳을 앵마장(櫻馬場)이라고 불렀습니다.

대전·천안에서도 구경 오던 관앵대회

국사편찬위원회 한국사통합정보시스템에서 일제강점기 시절 발간된 신문 기사 중 '앵마장'을 검색하면 8건의 기사가 검색됩니다. 8건 중 7건이 청주 앵마장과 관련된 것이고 나머지 한 건이 진해의 앵마장입니다.

기사 제일 첫머리에 소개한 것처럼 청주의 앵마장은 그 당시 가장 유명했나 봅니다. 이 기사는 1932년 4월 기사지만 이것보다 7년 앞선 〈매일신보〉 1927년 4월 22일자 기사에도 청주의 앵마장이 언급됩니다.

〈매일신보〉는 '앵화의 청주, 청주의 앵화! 꽃 틈에는 전등이 열려'라는 제목의 기사를 내보냅니다. 기사에서는 청주 마장(馬場)의 앵화가 4월 22일나 23일에 피었다며 각 나무에 전등을 설치했다고 언급합니다.

조선총독부의 기관지역할을 했던 〈매일신보〉는 1921년경부터 서울의 봉산공원, 수원, 청주 등 전국 수십 곳에서 관앵대회(觀櫻大會)를 주최합니다. 지금으로 말하면 '벚꽃축제' 쯤 될 터인데 특별 열차를 편성하고 특별할인 행사까지 곁들여 가면서 행사를 대대적으로 준비했습니다.

〈매일신보〉는 1921년 4월 25일자 기사에서 이런 모습이 잘 드러납니다. 〈매일신보〉는 "본사 주최 수원 관앵대회는 예정과 같이 (4월) 24일 거행됐다"며 "아침부터 일기는 청명하여 봄빛을 자랑했고 오전 일곱시 수원 유지대표 상원씨 등 기타 여러 대표가 상경했다"고 언급합니다. 이어 남대문역에 도착한 관행위원과 함께 500~600여 명의 관앵단원이 열차를 타고 9시 10분에 도착했다고 소개합니다.

청주의 관앵대회에 대한 기사도 있습니다. 〈매일신보〉는 1923년 4월 12일 '청주군의 관앵대회 / 20일경에는 함박 웃을 사쿠라꽃'이란 제목의 기사를 보도합니다. 기사에서 청주의 벚꽃에 대해 남선유수의 명소로 철

1927년 4월22일 청주 벚꽃 개화를 전하는 〈매일신보〉 기사.

도 길을 따라 대전, 조치원, 공주, 천안에서 구경을 온다고 언급합니다. 대회에 참가하는 비용도 소개되는데 저 멀리 대구에서 오는 회원은 기차 왕복비와 하루 숙박료, 점심값 등을 포함해 8원 50전이라고 소개합니다. 조치원서 오는 회원은 1원500전, 대전 2원 50전, 공주 4원50전, 천안 2원 50전입니다.

1933년 4월 21일 〈동아일보〉 보도에 따르면 관행대회 기간에 충북선 철도에 대해 할인행사를 하는데 10인이상 30%, 20인 이상 40%, 50인 이상 50%를 깎아준다고 했습니다.

매일신보가 1931년 4월 23일 〈만개한 청주앵마장의 앵화〉란 제목으로 내보낸 청주앵마장 사진 기사.

청주 앵마장은 어디 있었을까요?

〈매일신보〉는 1931년 4월 23일 '만개한 청주앵마장의 앵화'라는 제목의 사진기사를 내보냅니다. 사진 왼편에는 길을 따라 벚나무가 두 줄로 늘어서 있습니다. 나무에는 전등이 걸려 있습니다. 그 옆으로 작은 도랑이 보입니다. 그리고 우측에는 건물이 보입니다. 무심천변이 아니라는 것을 한눈에 알아 볼 수 있습니다.

충북참여연대 강태재 전 대표는 청주앵마장에 대해 "사쿠라마치(벚꽃길)가 (청주)상공회의소 뒷길 교서천을 따라서 조성했었다는 말을 들었는데, 확인은 하지 못했다"고 밝혔습니다.

또 1936년 4월 26일 〈매일신보〉 기사에는 조선총독부의 충북도지사 김동훈이 2년 동안 벚나무 5만 그루를 식재할 계획을 수립했다고 되어 있습니다. 벚나무를 심을 곳은 청주 시내를 중심으로 부근의 산과 도로, 주택가에 심기로 했습니다.

일제강점기인 1937년에 지어진 충북도 청사에도 벚꽃 모양의 문양이 남아 있었던 것으로 전해집니다. 충청북도는 도청 본관이 등록문화재로 지정된 후 2004년 말부터 2005년 6월까지 보수공사를 진행하고 수리보고서를 책자 형태로 만들어 문화재청에 제출했습니다. 이 보고서에서는 국화 혹은 벚꽃으로 짐작할 수 있는 왜색문양의 자료사진을 확인할 수 있습니다. 이 왜색문양은 2층 중앙 도지사실 외벽에 5개가 뚜렷하게 그려져 있는데, 1959년 증축 과정에서 제거된 것으로 추정됩니다.

《도정반세기》(1996·충청리뷰사 간행)의 저자인 이승우(전 충청북도 기획관리실장)씨는 "1950년 공직을 시작할 당시에도 분명히 그 문양이 있었지만 언제 사라졌는지는 뚜렷하지 않다"며 "증축 당시 창문틀 등의 구조가 바뀌면서 자연스럽게 문양이 제거됐을 가능성이 높다"고 언급한 적이 있습니다.

그러나 이 문양이 무엇을 표현한 것인지는 분명치 않습니다. 다만 일제강점기부터 있었다는 점에서 일왕가(日王家)를 상징하는 국화나 일본인들이 좋아하는 벚꽃일 가능성이 높습니다.

지금의 무심천 벚꽃은 1971년 채동환 청주시장 시절 대대적으로 식재된 것으로 알려졌습니다. 벚꽃 자체가 무슨 죄가 있겠습니까? 일본인들이 자신들의 취향을 위해 심어 만든 청주앵마장의 흔적은 사라지고 정확한 위치는 파악이 되지 않습니다. 다만 일제강점기 시절 그들의 취향에 맞게 앵마장이 조성됐었다는 사실은 기억해 두는 것이 좋지 않을까요?

수탈의 잔재, 청주군시**제사** 공장
뽕나무 강제 배포·재배… 여공들, 12시간씩 노동하며 생사 생산

　1919년 4월 3일 충북 영동군 학산면사무소 앞에서 양봉식이 외칩니다.
　"군민이 좁쌀을 살 돈도 없어 고생하는데 비싼 상묘를 사라는 것은 곤란하지 않은가? 상묘를 심을 뽕밭도 없지 않느냐? 상묘를 없애 버리자."(출처 : 공훈전자사료관 /양봉식 판결문)
　여기서 '상묘(桑苗)'는 뽕나무 묘목을 지칭하는 단어입니다. 만세운동에 참여한 군중은 양봉식의 선동에 따라 면사무소 인근에 식재된 2만 8000여 그루의 뽕나무 묘복을 죄다 뽑은 뒤 면사무소에 흩어 놓습니다. 그러자 다시 양봉식이 외칩니다.
　"이렇게 흩어 놓았자 내일 다시 주워 모아 마을 사람들에게 배포할 것인즉 모두 불태워 버리자."
　군중은 다시 함성을 올리고 노상으로 뽕나무 묘목을 모아 놓고 불을 지릅니다.
　양봉식은 왜 "왜 좁쌀을 살 돈도 없다"고 외쳤을까요? 일제는 자국 내에 부족한 식량 문제를 해결하기 위해 우리나라를 미곡생산 기지로 만들려 합니다. 이를 위해 1918년 산미증산계획을 세우고 이를 통해 쌀 생산량을 높이려 합니다. 악랄한 식량수탈 정책은 수치로 나타납니다.
　1912년 일제가 가져간 미곡은 50만 석으로 전체 생산량 1660만 석의

4.3%에 불과했습니다. 하지만 1933년에는 일제가 가져간 미곡이 전체 생산량의 절반이 넘는 52%였습니다.

반면 일제는 조선인의 쌀 소비는 적극적으로 억제합니다. 우리나라에서 생산된 양질의 쌀은 일본으로 보내고, 일제는 만주에서 잡곡을 수입해 먹게 했습니다. 일제는 1912년 만주에서 생산된 조(좁쌀)를 1만 5000석 수입했고 1930년에는 172만 석을 수입했습니다. 우리 농민은 쌀농사를 지어도 쌀밥은 구경도 못 하고 조밥 등 잡곡만 먹고사는 실정이 된 거죠.

그뿐만이 아닙니다. 일제가 눈독을 들인 것이 바로 뽕나무입니다. 비단실을 만드는 누에고치는 뽕나무 잎을 먹고 자랍니다. 비단을 유럽이나 미국에 수출하려면 뽕나무가 있어야 하고 누에고치를 기르는 사람이 필요합니다. 1910년 강제병합 이전부터 치밀하게 사전 조사를 진행하고 누에고치를 치는 양잠사업을 이식시킵니다. 양잠사업은 부녀자나 노인, 어린이들의 노동력까지 생산에 동원할 수 있고 저가의 노동력으로 최대한의 이득을 뽑아 낼 수 있기 때문입니다.

일제는 이런 판단을 한 뒤 1910년부터 잠업전습소(蠶業 傳習所)를 설치합니다. '노상계'란 개량종 뽕나무를 농가에 배부해 심도록 했는데 이때 강제배포 등의 방식이 동원됐습니다. 심지어 밭이 없어 심을 곳이 없다면 자가상전제도(自家桑田制度)가 설정돼 밭을 사서 뽕나무를 심으면 5년 동안 나눠 상환케 했습니다.

일제는 뽕잎을 먹여 길러낸 누에고치를 잠사조합으로 하여금 군농회 공판장을 통해 수매했습니다. 이때 수매가격은 일방적으로 결정했고, 농가가 집에서 누에고치의 실을 뽑지 못하도록 금지합니다.

이렇게 수탈한 누에고치는 터무니없이 값싼 조선의 노동력에 의해 제사(실을 뽑는 것) 작업을 수행하게 합니다. 일제의 가혹한 착취수법으로 생산된 생사(生絲 : 비단으로 가공되기 이전의 실)는 제1차 세계대전 직후 유례없이 좋았던 국제경기를 타그 미국과 영국 등 유럽으로 수출됩니다. 이를 통해 막대한 외화를 벌어들인 일제는 전쟁수행에 필요한 군함 등 무기를 구입하는데 사용했다고 하네요.

색마지사 박중양 "충북도를 뽕나무의 나라로 만들자"

'이토 히로부미'의 양아들로 불렸던 친일파 박중양(일제강점기 충북도지사). 조선총독을 법주사에 데려가 여승을 술시중을 들게 하고 심지어 겁탈해 자살하게 만든 악덕 친일파입니다.

그는 조선총독부 충북도 지사으로 있던 1925년 충북 전 지역을 대상으로 농가 각 호에 뽕나무 50그루를 강제로 배정합니다. 강제로 배정한 것도 모자라 대금 1원씩 거두어 들입니다. 이에 대해 1925년 3월 23일 〈동아일보〉는 박중양의 (뽕나무) 식수 정책으로 가뜩이나 쓰라린 생활을 하는 농민들의 분노가 커지고 있다고 보도합니다.

조선총독부의 기관지였던 매일신보는 박중양이 충북을 '뽕나무의 나라'로 만들려 한다고 묘사합니다. 1925년 1월 23일 〈매일신보〉는 "장차 뽕나무 나라로 화할 충북은 이 같은 희비극이 도처에 열린다"는 제목의 기사를 보도합니다. 기사는 이렇게 시작합니다.

> 뽕나무의 나라를 만들려는 충청북도의 군수회의는 지난 (1월) 십칠일로써 마치고 그날 오후부터는 청주읍내에서 십여리 되는 사주면 내덕리라 하는 곳에 가서 한집에 50 본씩의 뽕 남무 심는 방법을 실제로 지도하게 되었다.

박중양이 당시 충북도내 군수 열 명에게 직접 농가에 가 뽕나무 50그루를 심게 한 겁니다. 〈매일신보〉는 군수에 대해 '군수 영감'이라고 호칭합니다. 기사에 따르면 열 명의 군수와 수행원 등 30여 명은 양복을 입고 있었는데 발목에 각반을 질끈 동여매고 작업에 투입됩니다.

〈매일신보〉는 이 장면에 대해 "30여 명의 양복을 입은 영감 농부들은 각반을 질근 동이고 뽕나무를 들러 매고 내덕리 촌락을 향하야 가는 바 그 동리는 별안간 검은 옷을 입은 농부들로써 전부 에워싼 바 되었다"고 묘사합니다.

가까운 농가에 심을 수 있는 곳이 부족하면 동원된 군수들은 먼 곳에 위치한 논이나 밭을 찾아가야 했습니다. 할당된 뽕나무 50그루를 다 심어야 했으니까요.

〈매일신보〉는 "만일 논이나 밭에 심게 되는 경우는 산을 넘고 내를 건너서 가지 않으면 안 될 형편이었다"면서 "영감 농부들은 기수들을 데리고 땀을 흘려가며 이리저리로 갈팡질팡하는 꼴은 장관이었다. 그뿐이면 일도 없지만 오후 한시로부터 네시 반까지 삼세시간을 두고 돌아다니기 때문에 기운이 지치고 배가 고

"장차 뽕나무의 나로가 될 충북", 양잠사업을 펼친 조선총독부의 정책을 전한 1925년 3월 23일 〈매일신보〉 기사.

파서 헐떡거리는 거동은 참으로 불쌍했다"고 묘사합니다.

그러면서 "어떤 영감은 목 쉬고 허기가 져서 뽕나무 심기 전에 사람 죽겠다"고 투덜거렸다고 보도합니다. 군수들도 죽겠다고 할 정도이니 일반 민중들의 고통은 얼마나 컸겠습니까?

하루 12시간 노동에 동원된 어린 여성노동자

청주시 사직동 옛 시외버스터미널 부지는 원래 '남한제사'라는 회사 공장이 있던 자리입니다. 제사(製絲)는 누에고치에서 실을 뽑는 것을 말합니다. 이 공장은 원래 일제강점기 시절 일본인이 소유한 '군시(郡是)주식회사' 청주제사공장이 있던 자리입니다. 1928년에 짓기로 하고 1929년에 공장이 만들어졌습니다.

1931년 이 공장에는 나이 어린 여성노동자 290명과 남성노동자 30명이 일하고 있었습니다. 1931년 9월 8일 이곳에서 일하고 있던 노동자들이 파업에 들어갑니다. 1931년 9월 10일자 '청주군시제사 파업, 여공 등 전부 파업'이란 제목의 기사에 따르면 이들 여성노동자는 매일 11시간 40분의 노동을 함에도 불구하고 임금은 최고 70전 최하 15전으로 평균 25전에 불과했습니다. 1931년 10월 8일 여성노동자들은 임금인상을 요구하며 파업을 시작했고 하루 뒤인 10월 9일 차후에 임금을 올려주겠다는 약속을 받고 파업을 중단합니다.

1년 뒤인 1932년 12월 20일 군시제사 공장의 여성노동자들은 다시 파업을 시작합니다. 이들은 지난해 약속했던 임금인상을 해줄 것과 일본인 관리자 2명을 내보낼 것, 운동장 설치와 기숙사 환경개선 등을 요구합니다.

일본기업 군시제사 측은 여성노동자가 파업에 돌입하자 경찰을 불러들여 외부와 연락할 수 없도록 차단합니다. 경찰은 노동자들의 파업에 배

일제 강점기부터 1970년대 초반까지 누에고추를 사들여 명주실을 생산해 일본에 수출, 청주 경제에 이바지했던 남한제사공장 모습. 이 공장은 일제강점기 시절 1929년 일본인이 운영하는 군시제사주식회사 청주공장으로 지어졌다.

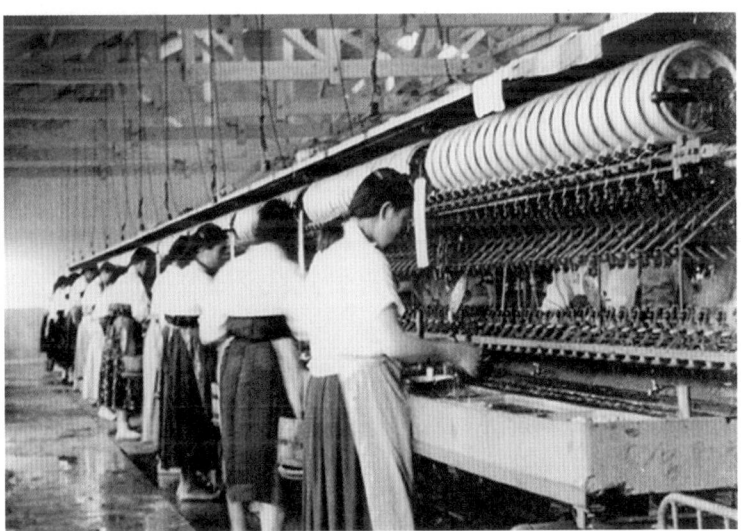

1960년대 남사제사 주식회사에서 일하던 여성노동자들.

군시제사주식회사 청주공장 여성노동자들의 파업 소식을 전한 1932년 12월 26일자 〈매일신보〉 기사.

후가 있다며 염탐을 시작합니다.

1932년 12월 22일 밤 군시공장 측은 휴업을 선언합니다. 이에 맞서 여성노동자들은 일제 경찰과 공장 관리자에 맞서 처절한 투쟁을 전개합니다. 〈매일신보〉는 1932년 12월 26일자 '청주군시 여공파업, 사태는 점익 악화 / 식당기명을 깨트리며 항쟁하야 쌍방태도 매우 강경'이란 제목의 기사를 통해 당시 상황을 전합니다. 이에 따르면 여성노동자들은 식당에 있는 그릇 같은 것을 일제 경찰과 회사 관리직원을 향해 던져 유리창 10여 매가 부서지고 노동자 9명이 경상을 입었습니다.

회사는 다음날 여성노동자들은 각자 집으로 가게 합니다. 1932년 12

월 27일 〈매일신보〉는 이에 대해 "공장 정문에서 시작해 청주역에 이르기까지 (여성노동자의 대열이) 전체 청주시가에 늘어섰으며 시가의 요처에서는 역시 경관이 엄중한 경계를 하고 있었다"고 보도합니다. 이어 "오전 열시부터 공장을 나서기 시작한 여공 일동이 공장 공장으로부터 모습을 감춘 것은 오후 세 시나 거의 다 되어서였다. 경관의 경계가 여간 엄중하였는지는 그것만으로도 능히 알만한 바이다"고 밝힙니다.

경찰 탄압에도 2개월 동안 파업 투쟁

군시공장 측은 파업 초기부터 경찰을 동원해 노동자들을 탄압합니다. 파업 돌입 이틀 만에 공장의 휴업을 단행하고 파업에 참가한 노동자 전원을 해고합니다. 경찰은 파업 처음부터 배후관계를 조사한다며 집에 돌아가 있는 여공을 소환해 조사합니다. 청주경찰서 외에 다른 경찰서 구내에 있는 노동자에 대해서는 그 지방경찰에 의뢰해 세밀히 조사합니다.

〈동아일보〉 1933년 01월 05일 기사에 따르면 조선총독부 청주경찰서는 청주 군시제사공장에 다니는 괴산 여직공 전복희, 이을순, 강석분 3인을 파업사건에 선동혐의가 있다고 괴산 자택에서 이들을 체포해 조사를 합니다. 이때 경찰과 군시회사는 서로 밀탁해 노동자들 불러 조사하고 요구사항을 주장하지 말고 복직하라고 권고합니다.

이러한 탄압에도 불구하고 여성노동자들은 2개월의 투쟁 끝에 승리합니다. 〈동아일보〉는 1933년 3월 3일 '공장측 과오를 자성, 동맹파업여공 전부복직 / 청주군시제사 파업 완전해결, 희한한 직공측 승리' 기사를 통해 노동자들의 승리 사실을 전합니다.

이에 따르면 군시제사 청주공장장은 "공장의 근본 방침이 틀렸다"며 여성노동자들에게 사과합니다. 또 파업에 참가했다 해고한 400명의 여성노동자들에 대해 1922년 2월 27일자로 전원 복직시킵니다.

일제강점기 청주의 유일한 공장으로 전해진 군시제사공장. 뽕나무가 무슨 죄가 있겠습니까마는 뽕나무와 누에고치를 통해 농민과 여성노동자들을 수탈한 일제의 가혹한 수탈의 역사는 꼭 기억해야겠습니다.

제9부

충주 지역의 친일 잔재

친일파를 품은 **충주읍성**의 자기 모순
의병 탄압하고 읍성 허문 서회보 전 군수 공적비 관아터에 보존

1849년 충청북도 충주시 신니면 송암리에서 태어났다. 1907년(순종 1) 12월에 영동군수로 재임하다가 충주군수로 전임하였으며, 1908년 3월 공립충주보통학교 교장을 겸임하게 되었다. 충주군수로 있을 때 많은 시설을 만들고 보수하였으며 지역 주민들을 잘 보살펴 많은 칭송을 받았다.(디지털충주문화대전)

이렇게 소개되는 사람은 서회보(徐晦輔. 1849~1919)라는 사람입니다. 1907년 12월 31일자로 충주 군수에 오른뒤 1917년 1월 23일까지 만 9년 1개월 동안 충주 군수로 재임한 인물입니다. 〈디지털충문화대전〉은 충주 군수로 있으면서 주민들을 잘 보살펴 칭송을 많이 받았다고 했는데 충주관아공원에 가면 그의 공덕비가 지금까지 남아있습니다.

충주 관아공원은 조선시대 충주목의 관사가 남아있는 곳으로 충주목의 동헌으로 쓰던 청령헌과 제금당 등 유적이 남아있는 곳입니다.

'군수 서 후 회보 선정비(郡守徐候晦輔善政碑)'는 관아공원에 들어서는 입구 왼쪽에 자리잡고 있습니다. 서회보의 선정비 바로 앞에는 '을미의병과 충주성 전투', '충주읍성'을 소개하는 안내판이 설치돼 있습니다.

의병의 근거지에 세워진 친일파 공덕비

충주성은 일제의 명성황후 시해사건과 단발령에 분노해 1895년 일어선 을미의병 유인석 대장이 일본군을 상대로 커다란 승리를 거둔 곳입니다. 유인석이 이끌던 '호좌의진' 부대는 1896년 2월 17일 충주성을 점령합니다. 이날 유인석 대장의 주력부대는 충북 제천시 박달재를 넘어 일본군과 관군이 지키던 충주성을 공격합니다.

유인석의 부대는 농민들을 포함해 그 규모가 1만 명을 넘었습니다. 관군과 일본군은 의병의 공격에 놀라 달아났고 일본군을 끌어들인 죄를 물어 당시 충주부관찰사 김규식을 처단합니다.

이후 일본군과 관군에 의해 퇴각했지만 유인석의 부대가 충주성을 장악했던 일군을 물리치고 관찰사를 처단한 것에 대해 친일관료들은 두려움에 빠졌습니다. 바로 이런 점 때문에 충주성은 의병과 관련해 상징성이 매우 큰 장소로 평가받습니다.

반면 서회보란 인물은 어떤 사람일까요. 서회보는 조선총독부의 충주 군수로 있으면서 의병을 탄압하는데 앞장섰던 인물입니다. 서회보가 어떤 식으로 의병을 탄압했을까요? 국사편찬위원회 한국사데이터베이스에는 서회보가 충주 군수로 있으면서 당시 내무대신 송병준에게 보낸 '귀순자 보고' 문건이 9편 확인됩니다.

서회보, 의병 투항하게 하는 공작에 참여

1907년 12월 무기력한 대한제국의 황제는 "지방의 의병으로 앞으로도 계속하여 '소요'하는 자는 법에 의하여 처벌하되 성심으로 귀순하는 자는 전죄를 불문하고 안도 악업케 할 것"을 공포합니다. 이는 일본의 요청에 의한 것입니다.

친일관료와 일제는 일제에 협력하는 지주 등을 밀정으로 포섭하고 의

충북 충주시 충주읍성 정문. 충주성은 조선시대 충주목 동헌이 있던 곳으로 을미의병 유인석 장군이 충주성을 점령해 일본군을 격퇴한 곳이다.

병 내부에 대한 적극적인 공작을 폅니다. 이에 따라 의병을 이탈해 관군에 투항한 이들을 '귀순자'라고 호칭하고 이들로부터 의병내부의 정보를 캐내 의병을 탄압하는데 이용합니다.

〈한국독립운동사자료〉 의병편 '폭도 귀순에 관한 건' 등의 자료를 보면 일제와 친일관료들이 어떻게 공작을 폈는지 알 수 있습니다. 의병을 탄압하는 데 앞장선 조선총독부 군수의 선정비가 의병의 근거지에 우뚝 서 있는 것 자체만으로도 얼마나 모순입니까?

충주읍성 허문 서회보의 공덕비가 충주읍성에

서회보의 출세는 충주 군수에 머물지 않습니다. 9년 1개월이라는 오랜 기간 충주 군수를 지낸 것도 모자라 1917년 서회보는 중추원 부찬의(副贊議)에 오릅니다. 이 사실만으로도 친일파 중의 친일파라고 해도 손색이

충주관아공원에는 의병을 탄압하고 충주읍성을 허문 서회보 조선총독부 충주군수의 공덕비가 남아 있다.

없습니다. 서회보의 공덕비가 충주읍성 안에 있는 것 자체가 모순인 이유는 또 있습니다.

    1912년 서회보가 충주 군수로 있을 때 일제는 '시구개정'이라는 것을 통해 본격적으로 충주성을 허물게 됩니다. 1913년 9월 14일 〈매일신보〉 '충주의 시구개정'이라는 제목의 기사에서 "충청북도 충주는 원래 관찰도 소재지로 충북 북부의 경제적 중심지인데 지금 공사중인 청주로 통하는 2등도로는 곧 완공되겠고 또 서울로 통할 1등 국도도 곧 개통될 터인즉 개통하는 날에는 상당히 번영할 것이나 시가는 뒤섞이어 어지러운 구 시가인즉 이번에 북문으로 부터 남문에 통하는 도로를 간선으로 하여 북문에서 남문까지 폭 7.2m의 간선도로를 놓고, 이 7.2m 도로 11개, 4.3km 및 폭 5.4m 도로 3개 1.2km의 도로를 건설함에 지방비의 보조를 얻어 정연한 시가를 조성할 계획서를 당국에 제출하였더라"라고 보도합니다.

이 과정에서 충주읍성은 깨지고 또 깨지고 산산이 부서집니다. 서회보의 공덕비 바로 앞에는 충주읍성에 대한 안내판이 설치돼 있습니다. 충주 지역 시민사회단체는 이런 이유를 들어 서회보의 공덕비가 이 상태로 있는 것은 적절하지 않다며 충주시에 대책을 요구했습니다.

이에 대해 충주시 관계자는 "서회보의 공덕비에 대해 다양한 이견이 있을 수 있다"며 "문화재자문위원회 등을 열어 처리방안을 논의하겠다"고 밝혔습니다. '다양한 이견'이 무엇이냐고 묻자 이 관계자는 "(친일인사라 하더라도) 공적이 있으니 공덕비를 세운 것 아니겠냐고 하는 것"이라고 말했습니다.

제10부

반민특위의 좌절과
충북의 친일 잔재

충북 반민특위 조사 1호 대상 박두영
십중팔구 사형수라던 친일파는 어떻게 살아났을까

1959년 11월 28일 〈동아일보〉는 '일본정부에 보상금 청구 / 80노옹, 외무부에 여권을 신청'이란 제하의 기사를 보도합니다. 기사 중 일부를 옮겨보겠습니다.

> 일본군에 50 평생을 바친 80 노인이 일본정부에 년금(은급)을 청구하여 보상금을 받기 위하여 일본으로 여행하고자 27일 외무부에 신청하여 왔다. 화제의 주인공은 당년 80세의 박두영(朴斗榮)씨(주소=서울특별시 영등포구 신길동)로서 박씨는 구한국시대 19세에 일본에 유학 가서 21세에 일본사관학교에 입학한 후 해방될 때까지 46년간을 일본 육군에 복무하였는데 일본 육군대좌로서 해방된 후 오늘에 이르러 일본정부의 연금을 탈 권리를 가진 것으로 간주하고 이를 일본 정부에 청구하기로 결심하였다고 한다. (중략)
> 이제 연금을 청구하면 일본 정부가 다른 일본인과 같이 지급할지 의문이라고 한다. 한편 외무부 당국자는 여행 허가에 앞서 주일대표부를 통하여 박씨의 연금 지급 가부에 관하여 일본 정부에 문의할 것이라고 한다.

1958년 11월 28일 박두영에 관한 〈동아일보〉 기사. 일본육군사관학교 출신으로 일본 육군에 45년간 복무한 박두영이 일본에 연금을 신청하기 위해 여권을 신청했다는 내용이다.

내용을 요약해 보면 해방 때까지 일본 육군에 45년간 복무한 박두영이란 인물이 일본 정부에 다른 일본군인과 동일하게 받을 수 있는 연금을 청구하기 위해 여권을 신청했다는 것입니다.

제천·단양 을미의병을 토벌한 박두영

기사의 주인공 박두영이란 사람은 도대체 어떤 사람일까요? 2007년 대통령 직속 친일반민족행위자 진상규명위원회가 발간한 보고서에 수록된 내용 하나를 통해 이 사람이 어떤 사람인지 단서를 살펴보겠습니다.

> 충주수비대 포상에 대한 지휘관 박두영의 보고
> 賞詞(상가) 忠州巡檢隊(충주순검대)
> 박두영(朴斗榮)이 인솔하는 순검대는(1907년-작성자) 10월 2일 충주수비대에 도착한 이래 수비구사령관의 지휘에 따라 폭도의 정찰 및 토벌에 종사함.
> 10월 31일 청풍군(淸風郡) 교동(校洞)에 있는 적괴 정빈(鄭貧)을 체포하고 11월 26일에는 신곡(新谷) 부근에 있는 方仁寬(방인관) 하 약 3백의 적을 공격하여 12명을 죽이고 3명을 체포하였으며 방인관을 부상케 함.
> 12월 9일 순흥(順興) 부근에 있는 약 150명의 적을 공격하여 그 중 2명을 사살하고 다수의 전리품을 획득함.
> 12월 10일 풍기군 이현(梨峴)에 있는 약 20명의 적을 공격하여 4명을 죽이고 4명을 체포함.
> 16일에는 영춘군(永春郡, 현재의 충북 단양군 영춘면)에서 이강년(李康年)이 인솔하는 80여명의 적을 급습하여 그 중 14명을 죽이고 수괴 이강년을 부상케 하였으며 주요한 장수 수명을 사로잡음.
> 17일에도 단양군 일락산(日樂山)에 있는 약 40명의 적을 공격하여 3명을 죽이고 3명을 체포함. 이에 상가(賞詞)함.
> 明治(명치) 40년(1907년) 12월 26일
> 북부수비관구사령관 제13사단장 육군중장

위 내용은 당시 충북 제천과 단양, 경북 문경 지방에서 들불처럼 일어났던 의병을 토벌한 박두영의 공적에 대해 일제의 북부수비관구사령관이 상부에 보고한 내용입니다.

매국혈전의 공로, 살아 100년 죽어 100년

이번에는 또 다른 기사 하나를 옮겨보겠습니다. 박두양과 관련된 1949년 5월 19일 〈연합신문〉에 보도된 기사입니다.

제목 : 반민족행위특별조사위원회 충청북도 조사부, 친일파 박두영 검거

지난 10일 특위 신조사관에게 체포된 박두영은 반민피의자로서 전국적으로 보아도 수급에 해당하며 도내에서는 처음으로 반민법 제1호에 해당하는 자인데 관계관의 말에 의하면 십중팔구 사형수가 될 것이라는데 그의 경력과 죄상을 일별하면 구한국 시절에 정부의 국비로 일본에 파견되어 육사 15기생으로 그의 동기로서는 梅津(매진)을 비롯하여 오랫동안 조국광복을 위하여 해외에서 항일투쟁하던 柳東悅(류동열)장군과 李甲(이갑)·南基昌(남기창)·金基元(김기원)씨 등이었다는데 육사를 졸업하고 나서 日軍(일군) 1000여 명을 인솔하여 의병토벌을 시작하여 애국자들을 체포·사살하였으며 당시 의병대장 李康年(이강년)씨도 이자가 체포·사형하였다고 한다.

그리고 우리 민족사에 찬연하게 빛나고 있는 이준 열사의 헤이그 파견 시 당시 內侍(내시)로 있던 姜錫浩(강석호)씨가 금 10만 원을 여비로 주었다는 사실을 탐지한 박두영은 강 씨를 위협 공갈하여 그 재산을 전부 횡취한 사실이 있어 지금 강 씨의 자제로부터 당시 횡령당한 재산의

반환 요구도 있다 하며 일제 砲兵大佐(포병대좌) 박두영과 의병사건과의 매국혈전의 공은 혁혁한 것이 있어 일제로부터 旭日勳(욱일훈) 3등을 받은 자라 한다.

그런 인물이 어떻게 살아났을까?

1949년 연합신문이 보도한 기사처럼 박두영은 친일중의 악질 친일파였습니다. 본명은 박중수(朴重樹)였는데 1902년에 이름을 바꿨습니다. 1949년 반민특위가 박두영을 체포할 당시 혐의점을 요약하면 이렇습니다.

> 중추원참의, 밀정, 일본육사15기생, 육군포병대좌, 충북의병토벌대장, 금강항공(주)고문, 민생단 단장, 국민총력조선연맹평의원, 특별지원병후원회 참사, 배영동지회 상담역, 훈3등

일본 육군사관학교를 졸업했다는 것과 을미의병을 토벌했다는 것은 이미 앞서 언급됐습니다. '민생단 단장'을 지냈다고 하는데 이 단체는 뭘까요? 민생단은 1932년 일제가 창단한 간첩 조직입니다. 박두영은 일제 국주의가 세운 괴뢰국가 만주국에 군사고문으로 파견되어 있으면서 항일독립운동 조직을 상대로 간첩단 활동을 하는 민생단의 단장을 맡았습니다. 민생단 사건으로 인해 만주지역의 독립운동은 큰 타격을 받은 것으로 전해집니다. 자연스럽게 '밀정'이란 단어와 연결되지요.

태평양 전쟁 시기에는 경상남도 지역을 순회하며 징용, 징병 지원을 권유합니다. 전쟁 지원용 비행기 생산을 위한 금강항공공업주식회사 이사를 지내기도 했습니다.

토벌대로 나서 의병을 학살하고 일제를 위한 간첩역할을 하며 일본 육

군에 45년 재직한 악질 중의 악질. 그래서인지 박두영은 1949년 구성된 반민족행위특별조사위원회 충북지부에서 조사 및 체포대상 1호로 꼽힌 자입니다.

그런 박두영이니 세간에서는 당연히 사형에 처해질 것으로 여겼습니다. 하지만 이런 기대는 바위에 부딪히자마자 산산이 부서지는 파도에 불과했습니다. 반민특위 충북 제1호 체포됐지만 그는 어떤 처벌도 받지 않았습니다. 체포된 뒤 곧바로 병보석으로 석방됐고 공소시효 만료로 판결도 피해 갔습니다.

도대체 사형수로 지목된 1급 친일파, 박두영은 어떻게 살아남았을까요?

산산이 부서진 특위, 그리고 친일의 **부활**
충북 친일파 중 실형 선고 1명뿐… '통곡의 역사' 누가 만들었나

1948년 대한민국 최초의 헌법이 제정되고, 국민을 대표하여 정부 운영 및 국민의 요구와 권리를 표현하는 제반 법률의 입법을 위하여 제헌의회가 만들어집니다. 제헌의회는 1948년 5월 10일 국민의 직접 투표로 선출된 198명의 국회의원으로 구성됐습니다.

제헌의회는 정부 수립을 앞두고 민족정기를 바로 잡기 위해 친일파를 처벌할 특별법을 제정할 수 있다는 조항을 헌법에 담게 됩니다. 헌법에 근거해 국회는 친일파를 처벌할 특별법 제정에 착수해 '반민족행위처벌법'을 제정합니다. 이 법은 1948년 9월 22일에 공포됐고 이에 따라 반민족행위특별조사위원회(이하 반민특위)는 그해 10월 22일에 설치됩니다.

1948년 11월 국회는 반민특위의 효율적인 활동을 위해 '반민족행위특별조사기관설치법'을 제정합니다. 중앙과 지방에 중앙사무국 및 지방사무분국을 설치하도록 했습니다. 반민족행위자의 기소와 재판을 담당할 특별검찰부와 특별재판부도 구성됩니다.

반민특위는 1949년 1월 중앙청의 사무실에서 중앙사무국의 조사관과 서기의 취임식을 마치고 본격적인 활동을 시작합니다. 우선 친일파를 선정하기 위한 예비 조사에 들어가 7000여 명의 친일파 일람표를 작성하고, 체포 준비에 들어갔습니다.

1948년 10월 22일 설치된 반민족행위특별조사위원회. 충북조사부는 1949년 1월에 구성돼 본격적인 활동을 시작했다. 사진은 반민특위가 설치한 제보함.

반민특위 충북도지부, 1949년 1월 활동 돌입

우리 고장 충북에서도 반민특위 충북지부가 구성되면서 친일파에 대한 단죄 작업에 들어갑니다. 2005년 충북학연구소가 주최한 학술심포지움 '광복 60년 충북 60년 식민지 유산과 충북'에서 주제발표자로 나선 이강수 국가기록원 학예연구사의 발표자료에 따르면, 1949년 1월 반민특위 도별 위원장을 임명할 때 충북에서는 당초 이세영 옹이 선정됐으나 건강상 이유로 사임합니다. 그를 대신해 혜춘 경석조 선생이 위원장으로 선정됩니다. 충북도조사부 위원장은 대부분 독립운동가 출신으로 선정됐고, 경 위원장도 3·1 운동 이후 중국에서 독립운동을 했던 인물입니다.

국가보훈처 독립유공자공적조사에 따르면 경석조 선생은 1924년 4월 길림에서 이범석, 이청천, 김좌진 등과 정의부를 조직하고 활동했습니다.

1929년에는 상해 임시정부 요인들과 한족지하연합회를 결성했고 1930년에는 한국독립당 비밀부장 등으로 활동했습니다.

거물 친일파, 박두영을 체포하다

반민특위 충북도조사부의 조직은 중앙과 같이 사무분국에 제1조사과(정치방면), 제2조사과(경제방면), 제3조사과(일반사회방면) 그리고 특경대를 별도로 운영했습니다. 충북도조사부는 사무분국장 1명, 조사관과 서기관 각각 3명, 특경대원 약 10명 내외, 그리고 일반사무원 등 총 규모는 20~30명 내외로 구성됐습니다. 사무실은 충북도청 인근의 문화동 적산가옥을 사용한 것으로 전해집니다.

충북도는 3월부터 8월말까지 체포 19건, 미체포 5건, 송치 26건 등 총 50건을 취급합니다. 이강수 학예연구사가 발표한 자료에 따르면 확인된 도조사부의 반민피의자 명단은 12명— 금풍주, 김감복(국민총력조선연맹 청주지부장, 청주경방단 부단장), 김원근(중추원 참의, 임전보국단, 충북도회의원), 김창영(경찰청 경시, 만주국 치안부이사관), 박두영(중추원 참의, 육군대좌, 민생단 단장), 손재하(중추원참의, 충북도회의원), 안재욱, 이명구(중추원 참의, 충북도회 의원, 임전보국단 충북지부장), 이민호(고등계 형사), 이산연(청주신사 출봉, 청주신궁), 홍순복(매일신보 충북지부장, 조선농회 및 정신대 간부) 한정석(중추원 참의, 경찰 경시) 입니다.

독립운동가가 위원장을 맡은 반민특위충북지부의 활동은 악질 친일파 박두영을 체포했다는 점에서 높은 평가를 받습니다. 이강수 연구사는 충북의 반민 피의자 명단에 대해 "타 지역에 비해 거물급을 체포했다"고 평가했습니다. 실제로 반민특위가 전국에서 체포한 682명의 반민피의자 중 군인 출신은 충북조사부에서 체포한 박두영(육군대좌)이 유일합니다.

그러나 처벌은 실패… 김갑복만 유일하게 실형

　반민특위 충북지부에 체포된 사람은 12명이지만 충북지역과 연관돼 일제에 부역한 혐의로 체포된 인사는 이보다 더 많습니다.

　2007년 발행된 《반민족행위자 진상조사 보고서》에서 확인한 결과 총 31명이 조사를 받았습니다(실제는 이 보다 더 많습니다). 그 많은 친일파 중에서 31명 정도만 조사를 받았다는 것도 놀랍습니다만 더 안타까운 것은 실형(집행유예 제외)을 선고받은 사람은 김갑복(청주경방단 부단장) 하나라는 것입니다.

　위에서 거론된 악질 친일파 박두영은 체포된 뒤 바로 병보석으로 풀려났고 공소시효 만료로 처벌을 피했고 재판조차 마무리되지 않았습니다. 속리산 법주사에서 여승을 겁탈하고 이토히로부미의 양자로 불렸던 '색마지사' 박중양도 병보석으로 풀려났습니다. 충북 청주시 미원면 만세운동 당시 총을 쏴 만세운동 참가자를 사살한 송재욱도 병보석으로 풀려납니다. 일제 경찰로 악명을 떨쳤던 이민호(조선총독부 충북도 경시)는 징역1년을 선고받았지만 집행유예를 받았습니다.

　조선총독부 청주경찰서 고등계형사를 지냈던 이복성은 기소유예 처분을 받은 뒤 해방 이후에 제3대 국회의원으로 선출됩니다. 아버지는 일제 경찰로, 자신은 조선신사의 신직역할로 친일에 가담했던 이산연은 무혐의 처분을 받습니다.

　이토 히로부미의 양아들도, 의병 수십 명을 죽이고 의병대를 토벌한 조선인의 피를 물려받은 일본군인도 처벌받지 않고 병보석으로 풀려나거나 무혐의 처리된 현실. 결국 반민특위의 조사를 받았던 이완용의 친척 이해용 같은 인물들은 청주에서, 음성에서 그를 찬양하는 공덕비로 부활하고 말았습니다.

충북 특위가 다룬 조사자 **명단**과 처분
대통령 직속 친일반민족행위 진상규명 보고서

곽정식(郭政植)
- 조사 이유 : 제천경찰서 고등계 형사(순사)
- 진행 사항 : 기소중지

김갑복(金甲福)
- 조사 이유 : 청주부 제2구장(현 이장에 해당), 국민총력조선연맹청주지부 이사장, 청주경방단 부단장, 공출·징병·징용에 적극협력
- 진행 사항 : 징역 1년 선고 (※충북지역 친일행위자중 유일하게 실형이 확정돼 복역한 인물)

김기진(金基鎭, 1903~1985, 창씨명 金村八峯가네무라 야미네, 충북 청주시 남이면 팔봉리 출생)
- 조사 이유 : 매일신보 사회부장, 조선문인보국회 상무이사, 언론보국회 준비위원·이사, 대일본흥아회 조선지부 위원, 각종 친일 글 게재, 시국대응전선사상보국연맹 결성위원
- 해방 이후 행적 : 경향신문 주필, 재건국민운동중앙회 회장, 한국펜클럽/한국문화협회 고문, 을지무공훈장·문화훈장 수상

김원근(金元根, 창씨명 金海元根)
- 조사 이유 : 중추원참의, 중복산업(주)취체역, 청주상업학교이사장, 관선충북도회의원, 조선임전보국단 평의원, 비행기 헌납코자 3만 7000원 헌금, 일제시정 25주편 표장
- 진행 사항 : 기소유예 및 기소중지

김화준(金化俊, 창씨명 金海化俊)
- 조사 이유 : 구한국농상공부 기수, 중추원 참의, 평남 맹산·평원 군수 등 8개 군 군수, 충북도참여관 겸 산업부장, 충북유도연합회 부회장, 일제시정 25주년 표창
- 진행사항 : 공소 기각
- 해방 이후 행적 : 대한산림연합회장

남상익(南相翊)
- 조사 이유 : 일제육군 소위, 진천군농회 부회장, 진천금융조합장, 진천 면장, 충북도회의원, 일제기원 2600년 기념식 참가
- 진행 사항 : 반민특위에 자수
- 해방 이후 행적 : 진천군수, 진천 수리조합장

박두영 (朴斗榮, 창씨명 木下斗榮)
- 조사 이유 : 중추원참의, 밀정, 일본육사 15기생, 육군보평대좌, 충북의동토벌대장, 금강항공(주)고문, 민생단 단장, 국민총력조선연맹평의원, 특별지원병후원회 참사, 배영동지회 상담역, 훈3등,
- 진행 사항 : 충북반민특위 1호로 지목 / 병보석

박재홍(朴在弘)
- 조사 이유 : 함남 풍산·신흥·영흥 군수, 함남도 이사관, 함남 내무부 산업과장, 경기도 산업부 산업과장, 평남 식량부장, 평남도 참여관겸 농상부장, 충남·북 도지사(고등관 2등), 일제 시정 25주편 표창
- 진행 사항 : 공민권 정지 5년

박중양(朴重陽)
- 조사 이유 : 중추원 부의장·고문, 충북(1921)·충남(1910)·황해(1921)·경북도 지사, 귀족원 칙선의원, 국민총력조선연맹 참여, 조선임전보국단 고문, 이토히로부미의 양자
- 진행 사항 : 병보석

손재하(孫在廈)
- 조사 이유 : 중추원 참의, 대지주, 영동주조 주식회사 대표취체역, 영동면협의원, 충북도의원, 국방헌금, 일제시정 25주년 표창
- 진행사항 : 기소유예

송재욱(宋在旭)
- 조사 이유 : 헌병보조원으로 미원(면)에서 3·1 운동 당시 2명을 사살한 공로로 면장한 자, 괴산군 문광 면장
- 진행 사항 : 병보석

안종철(安鐘哲)
- 조사 이유 : 중추원 참의, 전남 나주·순천 군수, 충북도 참여관, 국민총력조선연맹 평의원, 조선임전보국단 평의원, 식량공출 독려하는

'식량사정 시찰대' 위원, 일제시정 25주년 표창

오병욱(吳炳旭, 창씨명 岩城炳旭)
- 조사 이유 : 평남·충북경찰부 순사, 경찰공로기장, 일제기원 2600년 기념 경찰관을 대표한 기념상 수상, 중국 북경에서 토벌대로 활동

윤태빈(尹泰彬)
- 조사 이유 : 경기도 참여관, 권업·상공과장, 충남도 내무부장, 강원·충북도 지사, 조선후생협회 평의원, 일제시정 25주년 표창
- 진행 사항 : 기소유예

이명구(李明求)
- 조사 이유 : 금융조합 평의원, 청주면협회원, 충북도회원, 조선임전보국단 충북지부장, 국민총력중추원참의, 조선연맹이사, 충북유도연합회이사·교화부장,
- 진행 사항 ; 기소유예
- 해방 이후 행적 : 충북도 지사 역임

이문환(李文煥)
- 조사 이유 : 청주파출소 속, 금광주물공장운영, 군수공장 경영, 수류탄 헌납
- 진행 사항 : 무혐의

이민호(李敏浩, 창씨명 芳湖民浩)
- 조사 이유 : 충북경찰부경무·보안과(경부), 충북도경시, 일진회 충북

지회장
- 진행 사항 : 징역 1년 집행유예 5월

이범익(李範益, 창씨명 淸原範益)
- 조사 이유 : 중추원 참의·고문, 춘천·달성 군수, 황해도 내무과장, 총독부 사무관, 경남도 참여관, 강원·충남도 지사, 만주국 간도성장, 만주국 참의부 참의, 동남지구 특별공장후원회본부 고문, 국민의용대 총사령부 차장, 친일글 기고
- 진행 사항 : 기소유예

이복성(李福成)
- 조사 이유 : 전북 남원·충북 청주경찰서 고등계형사(순사부장)
- 진행 사항 : 기소유예
- 해방 이후 행적 : 제3대 국회의원

이산연(李山衍)
- 조사 이유 : 조선신궁 부설 황전강습소 졸업, 청주군 사회계 고원, 청주신사 신직
- 진행 사항 : 무혐의

이용규(李容圭)
- 조사 이유 : 청주경찰서 순사
- 진행 사항 : 송치

이창근(李昌根, 창씨명 平松昌根)
- 조사 이유 : 충남도 이사관, 학무과장, 경북도 참여관 산업부장, 충북·경북도 지사

진행사항 : 기소유예

이해용(李海用, 창씨명 三州海用)
- 조사 이유 : 총독부 경무국 경무과 경부, 충북 진천·청주 군수, 함북 참여관, 경북도 참여관 및 농상부장, 대화동맹 기획부장, 일제시정 25주년 표창

이호연(李鎬延)
- 조사 이유 : 충북 진천경찰서 고등계 형사(순사부장), 일제시정 25주년 표창

장윤식(張潤植, 창씨명 長潤二)
- 조사 이유 : 중추원 참의, 황해도 참여관, 충북도 참여관 겸 광공부장, 대구세무감독국 직세부장
- 진행 사항 : 기소유예

정교원(鄭僑源, 창씨명 鳥川僑源)
- 조사 이유 : 중추원 참의, 경남 거창군수, 경남도 이사관, 전북·전남도 참여관, 황해·충남·충북도(1945) 지사, 국민정신총동원조선연맹 전무이사, 국민총력조선연맹이사·총무부장, 대화동맹, 흥아보국단 준비위원, 배영동지회 상담역, 정4훈 3등 훈장, 일제시정 25주년 표창, 식량공출 독려하는 '식량사정시찰대' 위원, 농지개발영단 이사

- 진행 사항 : 병보석

정석용(鄭錫鎔, 창씨명 松川錫鎔)
- 조사 이유 : 중추원 참의, 충북지방토지조사위원회 임시위원
- 진행 사항 : 송치

정춘수(鄭春洙, 창씨명 禾谷春洙가타니 슌주)
- 조사 이유 : 친일목사, 기독교감리교단 통리자, 경성기독교연합회 부위원장, 전쟁협력강도회 강사, 국민총력조선연맹 문화부문화위원, 조선임전보국단 평의원, 시국대응전도회 강사
- 진행사항 : 반민특위에 자수, 병보석

최지환(崔志煥, 창씨명 副士山隆盛)
- 조사 이유 : 대한제국시 군대해산 협력, 중추원 참의, 충북경찰부 보안과장(경시), 충북 영동·충주 군수, 평북도·충남도 참여관, 충청북도 순사교습소장, 협성상회(주)·예기검번(주) 사장, 진주신사씨자총대, 진주부회의원, 일제시정 25주년 표창
- 진행 사항 : 병보석

한규부(韓圭復)
- 조사 이유 : 와세다대학 정치경제과 졸, 한말 서기관주임2등(정리과장), 조선총독부 토지조사국 감사관, 동래군수, 중추원 부의장, 경남진주군수, 동래군수, 중추원 부의장, 경남진주군수, 충남(1921)·경북(1924)도 참여관, 황해(1929)·충북도(1926) 지사, 조선공영(주) 취체역회장, 경성양조(주) 취체역, 중조주조조합 연합회 회장, 조선임

전보국단 이사장, 국민총력조선연맹 이사, 국민동원 총진회 이사
- 진행 사항 : 기소유예

한정석(韓定錫, 창씨명 大原定錫)
- 조사 이유 : 중추원 참의, 충북경찰부 보안과장(경시), 청주읍회 의원, 충북도의 의원, 충북피복공업조합 이사
- 진행 사항 : 병보석

홍순복(洪淳福)
- 조사 이유: 매일신보 충북지사장, 국민총력조선연맹 충북지부 참사 및 이사, 정신대 수뇌 간부, 의용대 선전지도위원, 대화동맹지방위원, 녹기연맹 지방위원
- 진행 사항 : 기소유예

3대 충북 지사 이명구의 기막힌 **변신**
대동아전쟁 참여 독려… 자서전 펴내 "그런 일 없다" 발뺌

  윤하영(尹河英, 1948. 8. 15.~49. 1. 27), 이광(李光, 1949. 1. 28.~1951. 7. 25), 이명구(李明求, 1951. 7. 26.~1952. 9. 16.), 정현모(鄭顯模, 1952. 9. 17.~1953. 11. 23.), 정낙훈(鄭洛勳, 1953. 12. 10~1955. 8. 29.), 김학응(金鶴應, 1955. 9. 2.일~1958. 7. 29.), 정인택(鄭麟澤,1958. 7. 29.~1960 .4. 30)…

  대한민국 충청북도 청사에 걸려있는 역대 충북도지사의 이름입니다. 충북도청사 2층 대회의실에 들어가면 이분들의 재임기간이 표시된 사진이 걸려있습니다. 이렇게 이들의 사진을 걸어놓은 것은 해방이후 출범한 대한민국 충북도청의 역사라는 의미일 것입니다.

  일부 지자체의 읍·면사무소가 역대 면장 사진을 게재하면서 일제강점기 조선총독부의 면장을 제1대로 표시했지만 충북도청사에는 일제강점기와 미군정 시절의 도지사의 인물 사진은 없습니다.

  다행입니다. 하지만 곰곰이 되씹어봐야 할 부분이 있습니다. 해방 후 충북도 지사를 지낸 인물이 우리가 사진까지 걸어놓고 자랑스럽게 기억할 만한 사람이냐는 것이지요. 우선 1951년 7월 26일부터 1952년 9월 16일까지 도지사를 역임한 제3대 충북도 지사 이명구를 살펴보겠습니

다. 〈디지털청주문화대전〉은 이명구 씨를 이렇게 소개하고 있습니다.

> 15세까지 소학, 사서 등 한문을 수학하고, 그 후 신학문에 접하여 사립 보성중학을 거쳐 경성의학전문학교를 나왔다. 전문학교를 마친 선생은 1916년부터 1921년까지 청주와 태안에서 공의로 봉직하였는데, 특히 3·1운동이 나던 해에는 만세운동에 항거하다가 다친 증평, 미원, 병천 등지의 동포들을 성심으로 돌보았다.
> 1921년 8월 이후 특히 낙후된 교육환경 개선에 남다른 관심을 쏟아, 의원, 중추원참의, 은성장학회(殷成奬學會) 이사장, 제3대 충북지사, 충북 향교재단 이사장 등을 역임하는 등 충북지방 발전에 공로가 컸다.(출처 : 디지털청주문화대전, 글 : 김양수)

1919년 3·1 운동 당시 의사로서 만세운동 과정에서 다친 동포들을 성심으로 돌보고 교육환경 개선에 남다른 관심을 쏟아 장학회 이사장을 맡았다는 설명대로 라면 해방된 새조국의 도지사로서 손색이 없습니다.

반민특위에 체포된 이명구

1949년 반민특위 충북지부는 이명구를 체포해 조사에 들어갑니다. 당시 반민특위가 밝힌 이명구의 범죄사실은 이렇습니다.

> 범죄사실
> 피의자 이명구는 단기 4266년[1933] 5월에 도회 의원에 재선되자 즉시 중추원 참의에 피임되었고 소위 대동아전쟁의 협조단체인 임전보국단 충북지부장으로 국민총력연맹 이사 등의 직을 이용하여 수차의 시국 강연을 감행한 자임.

右 열거한 죄상은 반민족행위처벌법 제4조 2항에 해당한다고 사료함.
(자료출처 : 국사편찬위원회 한국사통합검색시스템)

또 2007년 대통령 직속 반민족행위진상조사위원회가 발간한 보고서에는 이명구에 대한 반민특위 조사이유를 이렇게 밝힙니다.

금융조합 평의원, 청주면협회원, 충북도회원, 조선임전보국단 충북지부장, 국민총력중추원참의, 조선연맹이사, 충북유도연합회이사·교화부장

반민특위의 이명구에 대한 진술조서에 따르면 이명구가 자신이 일본의 대동아전쟁에 참여를 독려하는 활동을 했다는 것을 시인합니다.

조사관 : 앞서 말한 직을 통하여 활동한 상황에 대하 말하라.
이명구 : 그 당시의 앞서 말한 직명은 대개가 관청에서 기히 내정한 후 본인들에게 통지하는 정도였으며 사실은 임명된 일자까지도 자세히 모릅니다. 명에 의하여 지정된 원고를 가지고 2·3차 시국에 대한 강연을 한 사실이 있는데 그 내용을 지금에 와서 기억조차 없습니다.

조사관 : 피의자가 순회강연 하였다는 장소는 어디이었던가.
이명구 : 직업이 의사이었던 관계로 원거리에 출장은 회피할 수 있었으나 시내로는 석교정, 탑동정, 남천정, 기타 등지에서 매월 8일을 기하여 30~40명의 남녀노소를 상대로 소위 전쟁에 협력하라는 부끄러운 말을 하였습니다.

조사관 : 강연 내용을 기억치 못한다함은 여하한 이유인가.
이명구 : 동일한 연구를 등사하여 각동에 출장하는 역원들에게 배부한 것을 낭독하는 정도이었으므로 자세한 내용은 특히 기억치 못하나 그 당시에는 일반이 상례로 듣고 있는 어구이었습니다." (출처 : 1949년 5월 10일 반민족행위자특별조사위원회 이명구 진술조서)

이명구는 일본식 이름 '牧原廣完'으로 개명한 이유에 대해서는 자녀교육 때문이라고 답합니다.

조사관 : 피의자의 창씨명은?
이명구 : 牧原廣完이라고 하였습니다.

조사관 : 피의자가 삼일정신을 계승하였고 청년자제를 무육하였으며 시국강연을 회피하였을 정도라면 어찌 창씨를 하였는가.
이명구 : 자녀교육상 부득이 하였습니다.
(출처 : 1949년 5월 10일 반민족행위자특별조사위원회 이명구 진술조서)

이명구의 진술조서의 내용은 일관됩니다. 조선인으로서 오를 수 있었던 최고위직인 중추원 참의에 오른 것도 자신의 의사가 아니었고 나중에 임명된 후 알았다는 것입니다. 비자발적이었다는 것이죠. 일본의 제국주의 전쟁 참여를 독려하라고 선동한 것에 대해서도 작성된 문구를 읽은 것이라고 하는 것은 역시 자신의 의사와 상관없다는 것입니다. 창씨개명을 한 것조차도 자신의 의지와 상관없이 자녀교육 때문에 어쩔 수 없었다는 것이죠.

충북도청 대회의실에 마련된 역대 충북도 지사 일람. 제3대 도지사 이명구의 이름과 사진이 걸려 있다(왼쪽에서 세 번째, 오른쪽 네모 안).

그러면서도 이명구는 조사 마지막 부분에서는 반성의 기미를 내비칩니다. 조사관이 "다른 할 말은 없는가?"라는 질문에 이명구는 "과거지사가 부끄러워 두문불출하고 있는 중이오니 무슨 할 말이 있겠습니까"라고 답합니다.

그러나 과거지사가 부끄러워 두문불출 한다는 이명구의 말은 그리 오래가지 않습니다. 이승만의 정치조직인 대한독립촉성회 활동을 하면서 반등의 기회를 노렸고 이후 1951년 7월 26일 충북도 지사로 임명됩니다.

부끄러운 자신의 과오에 무슨 할말이 있겠냐던 이명구는 1971년 발간한 자서전에서 자신의 생애에 대해 이렇게 말을 바꿉니다.

"불초는 비록 백사불급(百事不及)하나 전 생애를 통해 민족을 위해 투쟁과 성공한 것은 없으나 기회 있는 대로 투쟁을 계속했고 민족에게 해독되는 일은 티끌만큼이라도 감행한 일이 없음을 자인한다. 다만 부재부덕하고 제세안민(濟世安民)의 경륜 도량이 없어 위국 못한 것만을 한탄할 뿐이다."

친일파의 역사는 이렇게 세탁되고 각색됩니다.

충북 반민특위 어떻게 **무력화** 됐나
활동 4개월 만에 특경대 해산…칼날 무뎌지고 고립돼 결국 해산

중추원 참의까지 올랐던 고위 친일인사 이명구는 어떻게 반민특위의 처벌을 피할수 있었을까요?

1949년 8월 23일 '반민족행위특별검찰부'는 이명구에 대해 '기소유예' 처분을 내립니다. 반민족행위특별검찰부는 기소유예 이유를 아래와 같이 밝힙니다.

결정주문 : 기소유예

사실 급 이유 피의자 이명구는 조사위원회 송치사실과 같이 중추원 참의에 피임되었고 소위 대동아전쟁 중 임전보국단 충북지부장, 국민총력련맹 리사 등의 직을 가졌으나 조사위원회 기록을 통하여 볼 時에

기미 삼일독립운동 즉후 청주청년회 교육부장으로서 청년지도를 하였으며

단기 4255년[1922]부터 영정국민학교, 수정국민학교, 청주상업학교, 석교국민학교, 청주녀자중학교 등의 후원회장으로 교육사업에 노력하였으며,

중추원 참의 재임 중 의무교육을 추진하였으며

단기 4256년[1923]에 삼일친목회를 조직하여 동지로 더불어 암암리에 삼일정신을 함양하여 민족의식을 고취하였으며

학자저축계를 조직하여 장학사업을 추진함을 비롯하여 고등보통학교장학회, 은성장학회 등 재단법인을 조직하여 금일까지 수십명의 도내 수재의 학비를 보조하여 국가에 유용한 인물을 양성하는 등 적 치하에 가능한 민족사업을 감행하였고 하등 악질적 반민족행위를 한 점은 인정되지 아니함

한마디로 친일은 했지만 악질적 친일은 하지 않았고 교육사업을 하는 등 민족사업을 했다는 것입니다.

당시 전국에서 유일하게 일본군 출신 박두영을 체포할 정도로 기세를 올렸던 반민특위 충북도조사부의 기세는 왜 꺾였을까요? 이는 당시의 시대분위기와 연결돼 있습니다. 1949년 6월 반민특위 서울사무실이 경찰에 침탈당합니다. 국회에선 국회프락치 사건으로 정국이 보수반공 세력이 득세하게 됩니다. 그러면서 반민특위 충북도조사부가 작성한 '범죄보고서'(중앙조사부에 보내는 공식보고서)가 피의자들의 선처를 구하는 방향이 바뀝니다.

1949년 8월 반민특위충북지부 경석조 위원장은 다음과 같은 5가지 항목을 들어 김원근에 대한 선처를 요청합니다.

피의자 김원근은 도내 각층의 빈민구제에 다대한 공헌이 있는 사실
도내 교육사업에 공적이 현저한 사실
소행이 도민의 사표가 될 만한 사실
현재 경영하는 사업에 김원근 이외의 인사로는 계속키 곤란하다는 사

실

　　　일반의 진정이 다수이고 특히 소작측에서 다수인 점으로 보아 농민지
　　도의 실적이 확실한 사실

　충북도 조사부는 서울보다 2일 늦은 1949년 6월 8일 조직내 특경대가 해산을 당하게 됩니다. 특경대가 해산되면서 사실상 피의자 연행과 조사관 신변보호가 어렵게 되고 만 것이지요. 결국 조사활동은 소극적으로 위축됐고 반대로 친일 비호세력들은 '탄원서'를 통해 적극적인 구명활동을 전개할 환경이 마련됩니다.

　김원근 씨의 경우 자신의 소작인과 대성학원 직원들이 '자부(慈父)', '위대한 인물', '민족이 낳은 희세의 인물'로 표현한 탄원서를 작성해 관계기관에 제출합니다.

　충북 영동 출신 손재하는 '해방 이후 교육사업 및 건국운동에 헌신했다'며 일제시대 행적을 감추려합니다. 손재하에 대한 소작농들이 제출한 탄원서에 따르면 충북도회의원, 중추원 참의직은 일제에 의해 '강제로' 맡게 됐고 '부득이 일제의 지원병 징용제도와 침략정책에 추종케 된 것은 군민일동이 숙지하는 사실'이라고 적고 있습니다. 또한 영동중학교, 농업학교 설립 기금, 독립촉성운동회 기금 제공 등의 '치적'을 열거하고 있다. 이명구의 기소유예 근거와 거의 비슷하다는 것을 알 수 있습니다.

　반민특위 와해의 일차적 요인은 이승만 정권에서 비롯됩니다. 친일파와 그 비호세력들은 1949년 반민특위 출범 이전에 이미 중앙과 지역사회의 조직력을 장악한 실세였습니다. 충북에서도 대립전선은 친일파·지방유지 대 충북조사부 자체였던 것이죠. 그럼에도 1949년 6월까지 충북조사부가 친일파청산 정국을 이끌었습니다.

　하지만 1949년 6월 국회프락치사건·김구 암살 등 전국적인 반공정국

과 함께 충북지역에서도 반민특위 특경대 해산 사태가 벌어지면서 친일 청산의 열망이 담긴 반민특위는 고립되고 축소됩니다.

이렇게 친일 잔재 청산의 에너지는 사라졌고 반대로 친일인사들은 역사에 대한 세탁과 각색의 기회를 얻은 것이죠. 1949년 반민특위가 눈물을 삼키며 좌절할 때, 좌절을 보면서 환호했을 인물들의 사진은 대한민국 충청북도의 심장, 충북도 청사에 오늘도 그대로 걸려 있습니다.

불망, 그들의 빗돌이 먼지가 되도록

2019년 7월 24일 초판 1쇄 발행

지은이 김남균
펴낸이 유정환
펴낸곳 도서출판 고두미
        등록 2001년 5월 22일(제2001-000011호)
        충북 청주시 상당구 꽃산서로8번길 90
        Tel. 043-257-2224 / Fax. 070-7016-0823
        E-mail. godumi@naver.com

ⓒ김남균, 2019
ISBN 979-11-86060-75-9 03910

이 도서의 국립중앙도서관 출판예정도서목록(CIP)은
서지정보유통지원시스템 홈페이지(http://seoji.nl.go.kr)와
국가자료공동목록시스템(http://www.nl.go.kr/kolisnet)에서 이용하실 수 있습니다.
(CIP제어번호: CIP2019027150)

※ 지은이와 협약에 따라 인지를 붙이지 않습니다.
※ 잘못 된 책은 구입한 곳에서 바꾸어 드립니다.
※ 책값은 뒤표지에 표시하였습니다.